프리다(1904-1928)

사진사, 빌리의 여동생

안나(1908-1982)

외할머니, 우유 가게 주인

부인

딸

카린(1941)

이모, 교사

빌리(1902-1988)

외할아버지, 자동차 수리공, 운전사,
운전 교습소 운영

딸

리타(1946)

엄마, 교사

나는 독일인입니다

나는 독일인입니다

전쟁과 역사와 죄의식에 대하여

NORA KRUG

노라 크루크 지음 | 권진아 옮김

엘리

차례

나의 옛 가족과
새 가족에게

Ort

Name

Nr.

Jahrgang

nummer 9951/2

고향을 그리워하는 이주자의 노트에서

독일의 좋은 것들 | № 1 | Hansaplast

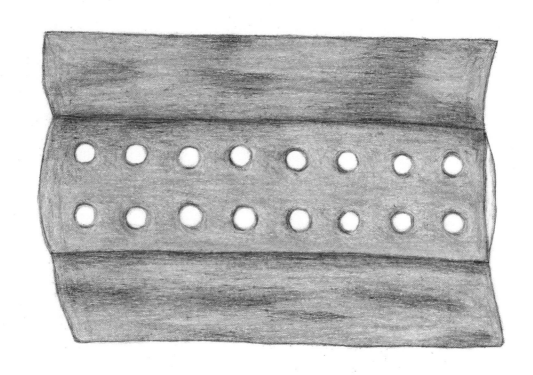

한자플라스트Hansaplast는 1922년에 나온 반창고 브랜드다. 여섯 살 때 롤러스케이트를 타다가 넘어져 무릎에서 피가 났을 때 엄마가 한자플라스트를 붙여줬다. 한자플라스트는 엄마 다음으로 세상에서 가장 믿을 수 있는 존재였다. 피부가 두껍건 얇건, 매끈하건 주름투성이건, 건조하건 촉촉하건, 한자플라스트는 딱 달라붙어서 상처가 완전히 나을 때까지 절대 떨어지지 않는다. 세상에서 최고 고집센 반창고여서 상처를 보려고 떼어내면 아프다.

나는 친구의 아파트 건물 루프탑에 서 있었다.

그때까지 뉴욕에서 아는 사람이라고는 그 친구 하나뿐이었다.

나는 베를린을 떠나온 지 얼마 안 된 유학생이었다.

아는 사람이라곤 없었고, 나를 아는 사람도 있지 않았다.

무한한 가능성이 펼쳐져 있었다.

안락의자에 앉아 있던 한 노부인이

우연히 우리 대화를 들었다.

"어디서 왔어요?" 그녀가 물었다.

"독일에서요."

"그런 것 같았어요."

"독일에 가보신 적 있으세요?" 내가 물었다.

"네. 아주 오래전에요."

그녀는 내 눈을 피했다.

그 순간 나는 알았다.

그녀는 강제수용소에서 살아남은 자신의 사연을 들려줬다.
여자 간수 하나가 최후의 순간 가스실에서
열여섯 번을 구해줬다고 했다.

그 간수는 수용소에 있던 다른 사람들에게는 가혹하기 그지없어서
벌을 준답시고 걸핏하면 포로들의 머리를 서로 박치기하게 했는데
자기에게는 남몰래 연정을 품었던 것 같다고 그녀는 말했다.

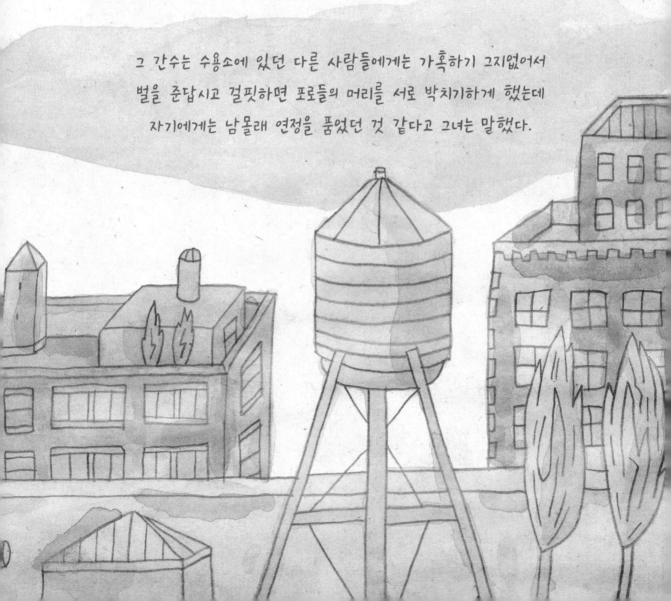

강 제 수 용 소 에

가스실 눈앞에서 열여섯 번.

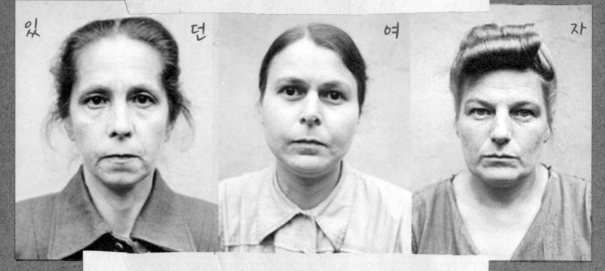

있 던 여 자

아슬아슬하게 죽음을 모면하기를 열여섯 번.

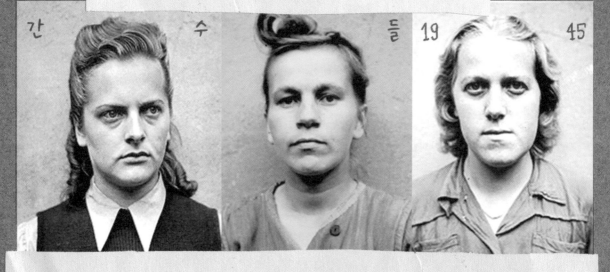

간 수 들 19 45

죽음을 향해 걸어가는 다른 이들을 열여섯 번이나 바라보며 살아야 했다.

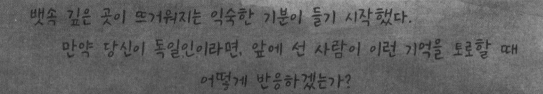

뱃속 깊은 곳이 뜨거워지는 익숙한 기분이 들기 시작했다.
만약 당신이 독일인이라면, 앞에 선 사람이 이런 기억을 토로할 때
어떻게 반응하겠는가?

나는 아무 말도 하지 않았다.

"오래전 일이었어요." 그녀가 마지막으로 말했다.
"지금은 달라졌겠죠. 학생은 다정한 부모님께
사랑받으며 자란 것 같네요."

나는 고개를 끄덕였다.

1.
어린 시절

독일 남부 도시 카를스루에에 있는 우리 집 뒷마당 앞에는
미 공군기지가 있어서 비행기들이 정기적으로 뜨고 내렸다.
그 비행기들은 마치 우리를―믿을 수 없게도―살려주기로 마음먹은 무서운
짐승들처럼, 우리 집 위로 쉭쉭 소리와 으르렁거리는 소리를 내며 날아다녔다.

언젠가 뭔가 끔찍한 일이 있었다는 걸
나는 어렴풋이 느끼고 있었다.

1980년

나   우리 엄마

각본: 닥터 수스로 더 잘 알려진 시어도어 가이젤

제군들은 폐허를 볼 것이다. 꽃들도 볼 것이다. 아름답기 그지없는 풍경들도 볼 것이다.

거기에 현혹되지 마라. 제군들이 있는 곳은 적국이다.

제군들은 독일 역사와 맞서고 있는 것이다.

제1장. 총통은? 비스마르크. 제목은? '철과 피.'

독일, 좋은 나라! 독일인, 온화한 사람들!

제2장. 새 총통: 빌헬름 황제. 새 제목: '세계 으뜸 독일.'

그리고 그 온화하던 독일인들은 제차 세계대전으로 우리를 한 방 먹였다.

우리는 마침내 그 총통을 무찌르고 독일로 진격해 들어가 말했다.

"뭐, 이 사람들이야 괜찮지! 없애야 할 건 황제뿐이야.

정말 굉장한 나라군! 문화적으로는 세계 최고지!"

우리는 군대를 철수시켰고, 그러자 그들은 우리 면전에 제3장을 냅다 던졌다.

총통 3호: 히틀러. 슬로건 3호:

"오늘은 독일이 우리 것이지만, 내일은 전 세계가 우리 것이다."

그럼 제4장은? 그런 일이 다시 벌어질 수도 있다. 다음 전쟁이.
독일의 정복욕은 죽지 않았다. 사실상 모든 독일인이 나치 조직의 일부였다.
그들은 제군들이 믿고 있는 거의 모든 것들을 증오하고 파괴하라고 훈련받았다.

독일인들은 우리 친구가 아니다. 아무리 미안해하는 것처럼 보여도,
그저 손을 쓱 내밀며 "미안합니다" 한다고 해서 문명세계로 귀환할 수 있는 건 아니다.
그 손을 잡지 마라!
그것은 우정으로 잡을 수 있는 손이 아니다.
그들 중 누구도 믿지 마라.
언젠가는 독일인들의 병도 나을지 모른다.
그 우수인종병, 세계정복병이.

그러나 그들이 다른 훌륭한 나라들 사이에서 다시 자리를 잡고 싶다면,
그러기 전에 자기들의 병이 조금의 의심할 여지도 없이
완전히 나았다는 것을 증명해야 한다.

그날까지 우리가 지키는 것이다.
이것이 제군들에게 내려진 독일에서의 임무다.

전쟁이 끝난 후, 우리 마을에는 나치주의의 부활을 막고 우리를 공산주의의 위협으로부터 보호하기 위해 미군들이 주둔해 있었다. 오빠와 나는 미군들을 직접 만난 적은 한 번도 없지만 그들에 대해 꽤 많은 것을 알고 있었다. 미국인들은 껌을 씹었다. 그들은 테이블 위에 발을 턱 올려놓았다. 신발도 벗지 않은 채 침대에 누워 『도널드 덕』을 읽었고, 여전히 사형제도를 유지하고 있었다. 공습을 피해 시골로 피난 가 있던 카린 이모가 전쟁이 끝나고 돌아왔을 때, 미군들은 이모에게 초콜릿을 주었다. 이모가 먹어본 최초의 초콜릿이었다.

우리가

아미스AMIS라고 불렀던 미군들은

가짜 우드패널을 붙인 호사스러운 차를 타고 거리를 유유히 돌아다니다 햄버거를 먹으러 미국 슈퍼마켓에 들르곤 했다. 미국인 신분증이 없는 우리는 들어갈 수 없는 곳이었다. 우리는 손톱을 분홍색으로 칠하고 솜사탕 같은 머리를 한 미국 여자를 '아미식세'라고 불렀는데, 그 말이 원래는 1940년대에 미 점령군과 어울렸던 독일 여자들을 칭하는 말인 것은 알지 못했다. 식세가 이디시어라는 것도 몰랐다. 사실 이디시어가 뭔지도 몰랐다.

강제수용소를 의미하는
콘첸트라치온스라거konzentrations-
lager라는 말을 처음 들은 것이 언제였는지도
기억나지 않는다. 그러나 홀로코스트에 대해 배우기
도 훨씬 전부터 나는 어렴풋이 그것에 대해 짐작하고
있었다. 강제수용소는 뭔가 불길한 장소처럼 여겨졌고,
나의 상상 속에서 그곳에 사는 사람들은 몸이 고통스러울
정도로 한데 쑤셔 넣어져 있었다. 하지만 차마 겁이
나서 물어볼 수가 없었다. 그것은 뭔가 꺼내선 안
되는 이야기 같았다. 그것은 어른들도 소리 죽여
얘기하는 일이었고, 앞마당에서 오빠랑
나만 놀고 있을 때 가끔씩 사탕과
풍선을 건네던 남자에게서
느껴지던 불안감을
불러일으켰다.

유대인들이 나쁜 사람들이에요?

초등학교에 다니던 어느 날,
집에 와서 엄마에게 물었다. 그즈음 나는 집에만 오면
엄마가 축제용으로 만들어준 표범 의상으로 갈아입었다.

당연히 아니지! 누가 그런 소리를 하던?

엄마는 요리를 하다 멈추더니
앞치마에 세차게 손을 닦았다.

종교 선생님이 예수님을 죽인 게
유대인들이라고 했어요.

아는 유대인이 하나도 없었기 때문에
나는 유대인들은 성경 속에서나
존재하는 사람들인 줄 알았다.
그들은 마치 오래전 멸종한 종처럼
멀게 느껴졌다.

엄마가 화내는 걸 보고 그날 나는
유대인들—모든 유대인들—은
좋은 사람들이라고 결론 내렸다.

어릴 때 내가 좋아하던 책 중에 못된 짓을 해서 벌 받는 아이들 이야기가 실린,
『더벅머리 페터』라는 19세기 그림동화집이 있었다.

도덕적으로 지나치게 엄격해서 시대에 맞지 않는다고 여겨지는 책이었지만,
어쩌다 보니 우리 집 책장에는 어린 시절 엄마가 읽던 책 한 권이 남아 있었다.

그중 가장 생생하게 기억나는
이야기는 혼자 고양이들이랑
집에 있던 여자아이가
성냥을 가지고 놀다가
홀라당 재가 되어버리는
이야기였다.

그 아이의 죽음은 화려한 색으로
과장되게 묘사되어 있었다.

그 이야기가 내게 가르쳐준 교훈은
자기 잘못으로 망하는 거라면 자기 연민에 빠져서는 안 된다는 것이었다.

그 전쟁은 내 어린 시절 내내 존재했지만
아무도 그 존재를 인정하지 않았다.
평상시 쓰는 접시들 뒤에 놓인
우리 집 가보 사자머리 수프 그릇처럼.

내가 이해하기로,
그 전쟁은 시끄럽고 무시무시한 사건,
우리 부모님이 태어나기도 전에
일어난 일이었다.

우리나라가 그 전쟁 이후로는
전쟁을 하고 싶어하지 않는다는 것도 알고 있었다.
나는 군인이 된다는 것은 전혀 영웅적인 일도, 의미 있는 일도 아니라고,
평화를 유지하는 것이야말로 가장 중요하다고 생각했다.

다른 나라들이 여전히 전쟁을 벌일 수 있다는 게
내겐 미친 짓처럼 보였다.

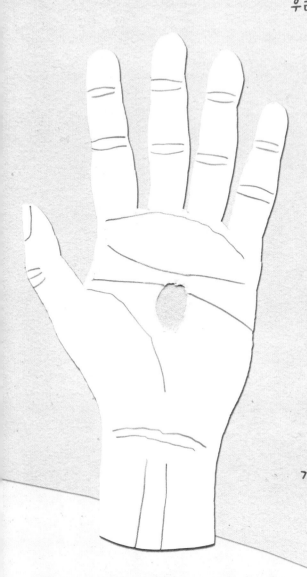

우리 부모님은 종교는 없었지만, 어린 시절
일요일이면 가끔 오빠와 나를 데리고
성당에 가곤 했다. 우리가 뭔가를
믿으면서 자랄 수 있게 해주기
위해서였다. 고해소 앞에 줄을 서서
기다리는 동안, 고백할 정도로
죄 지은 일이 뭐가 있었지 하며
머리를 쥐어짜던 기억이 난다.
왜 예수님이 우리 죄를 대신해서
돌아가셨는지는 이해하지 못했지만,
'물려받은 죄' — 독일인들이 '원죄'를
칭하는 말 — 라거나 다른 세대가 저지른
행동의 결과에 대해 책임을 져야 한다는
개념은 익숙하게 느껴졌다.
나는 예수님에게 그걸 받아들이겠다고
맹세했다.

고해성사를 마치고 나면,
나는 용서를 모르는 딱딱한 나무 바닥에 무릎을 꿇고
아베 마리아를 네 번 말하며 속죄했다.

S. 41 Hausarbeit 9.4.91

Professor: Er steckt dadurch in einer Zwickmühle ⇒ Tod. (Angs

Schwester: Tod des Bruders. Anderes Ansehen im Getto. Angst.

Mitbewohner: Hass gegen die Deutschen. Trauer.

beiden

er Poste

eilarzt

urmbr

학교에서 홀로코스트에 대해 배운 것은
엄마가 저녁식사 자리에서 가족들에게
내가 생리를 시작했다고 공식적으로 발표한 바로 그즈음이었다.

엄마로선 나를 위하는 마음에서였다.
할아버지 할머니처럼 쉬쉬하고 싶지는 않았던 것이다.
하지만 나로선 여자가 된다는 것이 독일인이 되는 것만큼이나
수치스럽게 느껴졌다.

홀로코스트에 관한
이야기의 삽화로
9학년 연습장에 그린
다윗의 노란 별.

어느 날 내 방에서 윗옷 소매에 '유대인'이라고 쓴
노란 별을 꿰매 붙이고 있는데 엄마가 들어왔다.

"뭐 하는 거니?" 엄마가 물었다.
"내가 만든 별인데, 유대인들과 하나된다는 뜻으로
옷에 달고 다니려구요."
"좋은 생각 같지 않구나."

나는 당황해서 바느질했던 걸 떼어냈다.

십 대 시절 외국을 여행할 때면
죄의식도 늘 나와 함께 여행을 했다.

"그냥 네덜란드에서 왔다고 해." 여행을 떠나기 전 카린 이모는 이렇게 말했다.
그 충고를 들었어야 했는데.

홀로코스트 사진들을 처음 본 게 언제였는지는 기억나지 않는다.
불을 끈 갑갑한 교실에서 돌아가고 있던 영사기가 생각난다.
자갈과 흙, 시신들의 모습과 함께 남자 목소리가 흘러 나왔다.
그날 역사시간에 우리가 본 영화는 <밤과 안개>였을까, 아니면 그냥 <벤허>였을까?

전쟁 후 연합군은
수용소 인근 마을의 민간인들에게
강제로 시신들을 보게 했다.
"굉장히 현명하고 중요한 일이었어."
엄마는 내게 말했다. 일부 민간인들은
맨발로 걸어야 했다.

먼 곳 마을에서 영향 준 모든 사람이 볼 수 있도록 한부동네가게 시신들을 수레에 싣고 거리를 지나 매장지까지 가게 했다.

우리는 프랑스와 독일, 폴란드의 강제수용소 기념관들에 견학을 갔다. 기억난다. 기찻길과 막사와 전기 철조망을 지나고, 너무나 아름다워 보이는 포플러나무들을 지나 걸어가면서 나는 흑백 카메라로 그 모든 것을 기록했다. 그러면서 우리 국민들이—바로 이곳에서—저지른 잔학 행위, 용서받을 수도, 용서해서도 안 되는 그 행위의 범위를 이해하려고 애썼다.

그날 찍은 사진 중 두 장은 반 친구들 사진이다. 나는 뒷면에 커다란 글자로 이렇게 써놓았다.

"1994년 비르케나우 학살터 방문 후"

지하실에서 사진을 현상하면서 이미지들이 정지액 안에서 서서히 모습을 드러내기 시작했을 때 느꼈던 안도감을 기억한다.

거기 우리 집단 죄의식의 증거가 있었다.

① 히틀러의 추론법과 의도에 대해 설명하시오. ② 히틀러가 언어적 장치들을 어떻게 사용하는지 검토하시오. ③ 히틀러의 연설이 특정 역사적 상황에 미친 영향을 평가하시오. ④ "언어적 수완이 있는 사람이 대중을 사로잡는다." 이 진술에 대한 자신의 입장을 예를 들어 논하시오.

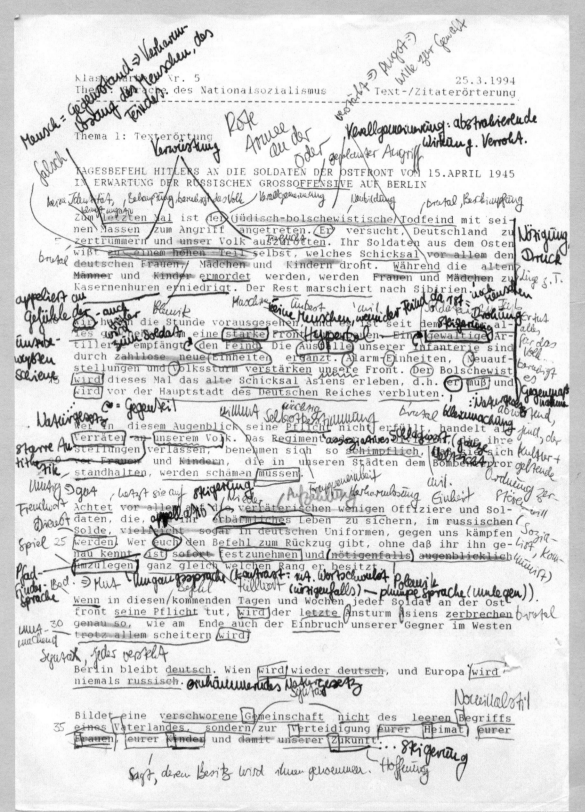

펠러프라이Fehlerfrei, 무결점이 되는 것이 우리 공통의 목표였다. 선생님들의 빨간 펜은 우리 연습장을 옳고 그른 것들로 나눴고, 빨간 표시들은 아주 선명해서 가차 없게 느껴지는 만큼이나 안심이 되기도 했다.

나와 반 친구들은 베르사유조약에서부터 파리강화회의에 이르기까지 어느 것 하나 빠뜨리지 않고 꼼꼼히 살폈다. 두운, 동어반복, 신조어들을 하나 하나 체크하며 히틀러의 연설들을 분석했다. 나치 대원들이 유대인 가게와 사원을 약탈하고 방화한 라이히스크리스탈나흐트Reichskristallnacht, '수정의 밤' 혹은 '깨진 유리의 밤' 기념일에는 아방가르드 공연도 올렸다. 수용소 이야기를 들려주기 위해 미국에서 온 할머니들에게 드릴 질문들도 준비했다. 그러나 우리 할아버지, 할머니들에 대해 물어볼 생각은 절대 하지 못했다. 우리는 우리 언어가 한때는 시적이었지만 이제는 잠재적으로 위험한 언어라고 배웠다. 실러를 읽긴 했지만 셰익스피어를 사랑하 듯이 그를 사랑하도록 배우지는 못했다. 우리가 쓰는 어휘에서 '영웅' '승리' '전투' '금지'라는 독일어 단어들을 지웠고 최상급을 피했 다. 집단과 자신을 동일시하고 자신보다 더 큰 어떤 이 념을 믿는 것을 뜻하는 단어인 추자멘게회리히카이츠게 펠Zusammengehörigkeitsgefühl은 미국의 문화정체성을 정의 할 때는 사용했지만 우리 이야기를 할 때는 사용하지 않았 다. "너무도 전형적인 독일식"이라는 표현은 불친절하거나 편협한 행동을 묘사할 때 썼다.

페어강엔하이츠베벨티궁Vergangenheitsbewältigung의 의미는 "정치적 과거를 받아들이는 것"이라고 배웠지만, 왠지 그 진짜 의미는 그걸 "받아들이려고 애쓰는 과정"이라는 느낌이 들었다. 인종을 뜻하는 독일어 단어는 동물 종들을 구별할 때만 써야 하고, 종족은 대량학살이라는 문맥 내에서만 써야 한다고 배웠다. 하지만 우리가 받은 교육에는 빈 곳들도 있었다. 우리는 수만 명의 독일인들이 나치 정권에 맞서다 죽었다는 사실은 배우지 못했다. (그랬다간 저항하지 않았던 사람들을 상대적으로 더욱 떳떳하지 못하게 만들 수도 있으니까?) 15만 명의 유대계 후손들이 독일 국방군에 소속되어 싸웠다는 것도 배우지 않았다. (그들의 참전이 우리 죄의식을 덜어줬을지도 모르니까?) 연합군 폭격이 벌어지는 동안 감내했던 사상과 손실, 1945년 이후 수백만 명의 독일인들이 예전에는 독일의 동부 지역이었던 곳에서 추방된 일에 대해서도 거의 배우지 못했다. (자기 연민은 잘못된 것이라는 걸 알았으니까?) 현대 유대문화에 대해 전혀 배우지 못했기 때문에 '유대인'이라는 단어는 홀로코스트와만 연관시켰고 그 단어는 쉬쉬하며 말해야 한다고 생각했다.

우리는
우리 고향에서
벌어진 일에 대해
아무것도
배우지 못했다.

우리나라 국가의
가사도 배우지 못했다.

오래된 민요들도 배우지 못했다.

우리는 하이마트Heimat의 의미를
이해하기 위해 애썼다.

Heimat
['haɪmaːt] 여성명사 (복수형 없음)

출처: 독일 브로크하우스 백과사전

"사람이 즉각 친숙한 느낌을 갖게 되는… 상상 속 또는 실제의 풍경이나 지역 개념을 정의하는 용어. 이 경험은… 세대를 가로지르며 가족과 기타 제도, 혹은 정치적 이데올로기들을 통해 전해진다. 일상적 용례에서, 하이마트는 또한 사람이 태어나 정체성과 성격, 정신구조, 세계관 등을 주로 형성하게 되는 초기 사회화를 경험하는 장소를 지칭한다(또한 풍경으로 인식된다)… 국가사회주의자들은 이 용어를… 침잠의 공간, 특히 지나치게 단순화한 본보기를 심리적 지향점으로 삼아 그와 동일시하고 싶어하는 사람들을 위한 침잠의 공간과 연관시켜 사용했다."

자신이 어디서 왔는지 모르는데,

자기가 누구인지 어떻게 알겠는가.

고향을 그리워하는 이주자의 노트에서

독일의 좋은 것들 │№2│ Der Wald

숲 Wald. 딱따구리, 버려진 사냥용 조망대, 숲 사이로 비치는 빛줄기, 수직의 고요. 숲속에 있으면 그 어떤 곳에 있을 때보다 평온하고 보호받는 느낌이 든다. 그림 형제는 옛날 동화들을 지금까지 살아 숨 쉬게 하는 것은 "고요한 숲"이라고 주장한 바 있다. 1838년부터 만들기 시작한 그림 형제의 『독일어 사전』에는 숲, 그러니까 Wald라는 단어가 들어간 명사와 형용사들이 천 개도 넘게 실려 있다. 그중 내가 가장 좋아하는 단어들은 '숲의 고독 Waldeinsamkeit' '숲의 어둑함 Waldfinsternis' '살랑거리는 숲에 둘러싸여 waldumrauscht'이다. 1852년 독일계 유대인 작가 베르톨트 아우어바흐는 "살롱에서는 프랑스어를, 숲에서는 독일어를 써야 한다"고 말했다. 1936년 올림픽 기간 동안, 금메달리스트들에게는 견실함의 상징인 독일 오크나무 묘목이 수여됐다. '히틀러 오크'라고 불린 이 묘목들 중 일부는 아직까지 미국에 살아 있다. 1938년 제국 선전장관 요제프 괴벨스는 "독일 숲"에 유대인 출입금지령을 내리는 것에 대해 고려했다. 프랑스군과 영국군은 전후배상금의 일부로서, 독일 숲들에서 대규모 벌채를 단행했다. 1983년 독일어 사전에는 '숲의 소멸 Waldsterben'이라는 단어가 최초로 등재되었다. 실존주의적 고뇌의 물결이 온 나라를 휩쓸었다.

2.
잊힌 노래들

아파트 건물의 루프 탑에서 그 노부인을 만나고 12년이 흘러,

　　나는 뉴욕의 또 다른 루프 탑에 서 있다.

이번에는 홀로코스트 생존자의 이야기를 듣는 것이 아니라,

　　어느 가수가 슈베르트의 〈겨울 나그네〉를 부르는 모습을 보고 있다.

그리고 이번에는 그 노래에 담긴 사랑과 자연과 죽음에 대한 갈망으로 인해,

　　그 노래에 담긴 우울과 꾸밈없는 아름다움 덕분에, 나의 모국어는

　　　　수치심이 아니라 그리움을 불러일으킨다.

그럼에도, 그 많은 시간이 흘렀음에도, 나는 여전히 내 억양을 감추려고 애쓴다.

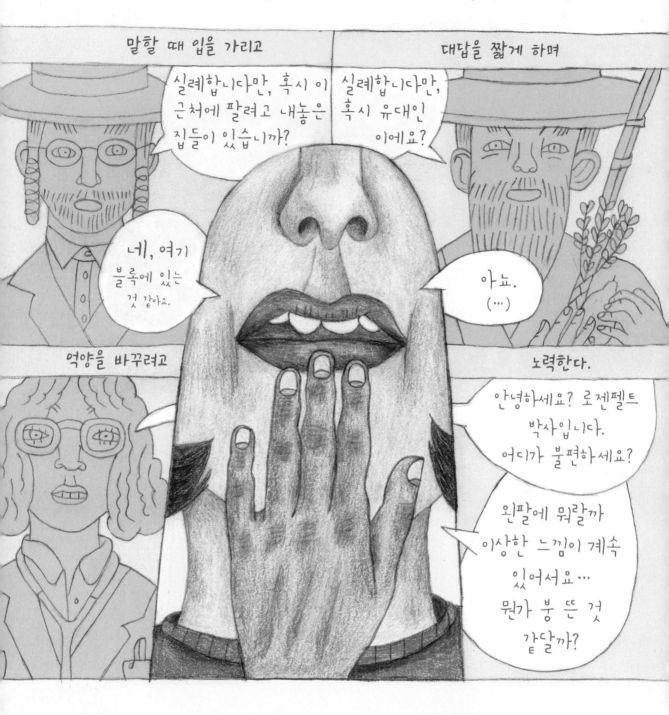

유대교 성인식인 '바르미츠바'에서 랍비들이 호기심을 보이며 따뜻하게 맞아줘도, 나의
유대인 친구들 몇몇이 원주민을 살상하고 흑인들을 노예로 삼은 미국인들 또한 못지않
게 악랄하다고 말해줘도, 나의 수치심은 사라지지 않았다. 심지어 요가 수업을 받을
때에도 다른 수강생들처럼 아무렇지 않게 오른팔을 비스듬하게 쭉 펴서 들어
올릴 수 없었다. 그렇게 할 때마다 히틀러 경례가 생각났다.

그리고 도움 안 되는

…나는 파티에서 처음 만난 사람들에게서 독일 여행은 절대 가지 말라는 소리를 듣는다 (독일은 영원히 훈족과 나치의 나라일 테니까).

〈뉴욕 타임스〉에서 독일을
"'샤덴프로이데(타인의 불행을 기뻐하는 마음)'의 발상지",
"원칙에 완고하게 집착하고 아는 체하는" 특징을 보이는
"규칙 중심의 문화"로 정의되는 나라,
"방문자들에게 가장 큰 인상을 안기는 첫 번째 단어가
'페어보텐(금지)'인 나라"로 묘사하는 기사를 읽고

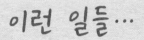

이런 일들…

…미국 텔레비전 쇼와 뮤지컬에서,
겨울은 혹독하고 여름에는 비가 내리며
유머감각이라곤 없는 사람들이
호전적 어조를 구사하는 "북유럽" 국가로
묘사되는 독일에 대한 고정관념이
끊임없이 반복되는 것을 본다.

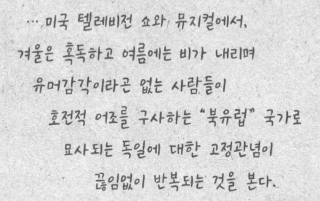

브루클린에 있는 러시아인 동네에서는 친구와 독일어로
말하며 걸어가다가 침 세례를 받는가 하면,
학교에서는 미국인 친구가 내가 독일인이니까
공감해줄 거라고 기대하면서 다른 학생 뒤로
"돼지 같은 유대인"이라고 내뱉는 소리를 듣는다.

나의 남편은 크리스마스트리와 유대인식 유머감각과 함께 성장했다. 그의 어머니는 독일계 유대인 집안 출신이었다. 우리 엄마 친구 중 하나는 내 남편이 유대인이라는 사실을 알고 흥분을 감추지 못했다.

"뉴욕의 유대인이라니! 최고로 지적인 사람들이잖아! 나도 늘 유대인 남자친구가 있었으면 했어. 그럼 우리 부모 세대가 저지른
끔찍한 일들을 보상할 수도 있었을 테니까."

"난 다 좋아."
내 결혼에 대해 어떻게 생각하느냐고 묻자
엄마는 말했다. "다만 네 남자친구가
독일인들을 만나는 경험이 좋기를 바랄 뿐이야. 그
외에 내가 걱정되는 건 네가 아들을 낳으면 할례를
할 건지 그거 하나뿐이야. 혹시라도 역사가
되풀이될 경우, 네 아이가 신체적으로 다른
사람과 구별되지는 않았으면 싶거든."

한편 아빠는, 유대인 사위를 보는 게
"딱히 속죄는 될 수 없겠지만,
유대교와의 관계를 개선할" 기회가
될 거라고 말했다.

그러나

독일인으로서의

유대인과 결혼까지 했어도

시어머니 집안의 사람들은 독일 차를 구입해 나치 국가를 후원하는 일은 절대 없을 거라고 맹세하는 삶을 살아왔지만, 나이가 여든이신 어머님은 결혼식에 참석하려고 당신 할아버지 나라에 와주셨다. 내가 독일인이라는 사실은 그분에게 아무런 문제도 되지 않았다.

"노라 씨가 독일인인 건 상관없어요." 어머님의 남자친구는, 들고 있던 잔에 담긴 진처럼 직설적으로 말했다. 그분의 콘도가 있는 플로리다의 어느 칵테일 바 파티오에서 처음 만난 날이었다. 1920년대 브루클린에서 자라는 동안 그분이 쓴 유일한 언어는 이디시어였다.

"처음 이스라엘에 가서 거리가 온통 벤츠로 덮인 것을 봤을 때, 그리고 사람들에게서 배상금이 어떻게 쓰였는지 들었을 때, 나는 독일인들을 원망하는 것을 그만두기로 했어요. 이 친구를 사랑해주는 한, 노라 씨가 어느 나라 사람이건 우린 환영해요."

이제 요양원에 계시는 어머님은 독일에 왔던 일을 더 이상 기억하지 못한다. "내가 도대체 왜 거길 갔겠니?" 어머님은 우리가 그때 얘기를 할 때마다 못 믿겠다는 듯이 묻는다. 그리고 매번 우리에게 가족들을 만나러 독일에 가더라도 "절대 독일 사람들을 믿어서는 안 된다"는 농담 섞인 조언을 한다.

나의

수치심은

사라지지 않았다.

텔레비전 쇼에 나와 고백하면
그들의 죄를 사해주는 나라,
'악Evil'과 같은 성경 용어가
슬금슬금 대통령 연설 속으로
들어오는 나라,
아돌프 히틀러라는 사람이
역사상의 한 인물에서 악의 상징
그 자체로 변해가는 나라,
살충제 이름에 '최전선' '전투'
'급습' 같은 군대 용어가
사용되는 나라,
병을 '앓는' 게
아니라 병과
'싸우는' 나라,

즉각 최악의 시나리오부터
떠올리는 것이 아니라
실제로 발생하기 전까지는
나쁜 일이 벌어지지
않을 거라고 믿는 나라,
간통이 나치당원 이력
만큼이나 시민권 획득의
결격 사유가 될 수 있는
나라.

그 어느 때보다 내가 독일인임을 절감한다.

브루클린에 있는 카리브인 동네에서 산 세월이 길어질수록,
나는 독일에서였다면 전혀 구입할 생각을 하지 않았을 물건들,
예컨대 손잡이가 초록색인 리슬링 와인 잔, 포도나무 가지로 만든
코르크스크루, 뻐꾸기시계를 찾아 중고 가게들을 뒤지고 다닌다.

고향을 떠나온 지 오래될수록, 뉴욕공립도서관에서 내 고향에 관한
책들을 점점 더 많이 찾아 읽으며 전쟁 당시 역사에 관한 온갖
것들을 공부한다. 고향을 떠나와 안전거리를 확보한 나는,
과거 내 고향이 견뎌야 했던 상실을 돌아보는 일을
나 자신에게 허락한다.

그러나 그럼에도 불구하고, 독일을 떠나와 산
세월이 길면 길어질수록, 나의 정체성은
점점 더 그 정체를 파악하기가 힘들어진다.
나의 '하이마트'는 메아리다. 산을 향해
외쳐졌다가 잊힌 단어다.

실체를 파악할 수 없는
반향이다.

현장노트 1부: 미국

전쟁으로 인해 더럽혀지지 않은 하이마트를 찾아, 나는 슈탐티슈Stamm-tisch에 나간다. 뉴욕에 사는 독일계 유대인들과 오스트리아계 유대인 이민자들이 만나 독일어를 말하고 자신들의 문화적 정체성을 유지하기 위해 1943년부터 이어가고 있는 모임이다. 모임의 장은 최근 100살이 되었다.

그들은 전쟁에 대해, 제3제국 시대 생존자들이 정착한 맨해튼의 동네 '제4제국'에서 새로이 시작한 인생에 대해 이야기한다. 미국에 단일의료보험 제도가 없다는 이야기, 민주당의 유력 대통령 후보 이야기를 나눈다. 나는 그들이 집에서 만들어 온 헤이즐넛 케이크와 감자 샐러드를 먹는다. 그들 에게 사랑 받고 싶은 마음이 든다.

마치 손녀처럼.

"독일인이라는 건 뭘까요?"
나는 내 오른쪽에 앉은 89세의 할머니 트루디에게 묻는다.
깔끔한 대답을 바라지만, 그분은 그저 "난 몰라" 할 뿐이다.

나는 '뉴욕 슈토이벤 퍼레이드'에서 독일에 대한 애국심을 연습한다.
미국에 이민 와 독립전쟁에 참전한 유명한 프로이센 장군의 이름을 딴
연례행사다. 당당한

독일계 미국인들이
<라스 베이거스
콧수염 클럽>
<독일견 클럽>
<독일 하이킹 클럽>

<뉴저지 슈바벤 합창 클럽> 회원들과 나란히 행진을 한다.

누군가 생전 처음 만져보는 독일 국기를 준다. 도저히 흔들 수가 없어서
남모르게 가방에 넣어보지만, 또 하나, 또 하나, 또 하나, 국기는 계
속해서 주어진다. 나는 행렬을 따라 어색하게 행진한다. 인도에 줄
지어 서서 환호하며 카우벨을 흔들어대는 사람들 중에 나를 알아보는
사람이 없기를 바랄 뿐이다. 나는 인도에 서 있는 사십 대
독일인 관광객에게 퍼레이드에 온 이유를 물어본다.
"이제 독일 사람들도 자기 나라에 대해
다시 긍지를 가질 때가 됐잖아요."
그녀는 이렇게 말하며 조그만 종이 국기를 흔든다.

내가 독일을 너무 오래 떠나 있었던 것일까?
그래서 중요한 전환의 시기를 놓쳐버린 것일까?

나는 밀워키에 간다. 죄의식이 뿌리 내리기 훨씬 전인 1800년대에 독일인들이 정착한 곳이다. 거리에선 홉의 냄새가 나고, 던들 차림을 하고 연례행사인 '독일 닥스훈트 더비 경주'에 출전하는 개들까지 국가적 긍지를 드러내는 곳이다.

나는 19세기 미 중서부 지역 독일인들의 생활을 보여주는 오래된 사진 건판과 다른 자료들을 찾아 중고 가게를 뒤지며 다니고, 올드 월드 스트리트에 있는 100년 된 레스토랑에서 리버 덤플링 수프를 먹는다. 어느 요양원에서 열린 '옥토버페스트' 축하연에 가서 보니, 아카펠라 그룹이 독일어로 부르는 잃어버린 사랑과 평화로운 숲에 대한 노래를 할머니들이 허밍으로 따라 부른다. 던들 차림의 여자들과 레더호젠 차림에 공화당 배지를 자랑스레 달고 있는 남자들이 독일 댄스 페스티벌에서 폴카 리듬에 맞춰 빙빙 돌고 있는 모습을 보며, 울컥 차오르는 감정을 억누른다.

이들은 대부분 제2차 세계대전 이후 동유럽에서 추방된 독일 민족인 도나우슈바벤인의 후손들이다.

"독일인이라는 것이 제 삶이에요." 에델바이스 모양 귀고리를 한 내 또래의 페스티벌 주최자가 말한다. "우린 이렇게 살아요. 독일인으로 살아가고, 독일인으로 숨을 쉬죠." 그녀가 내비치는 독일인으로서의 자부심은 나를 불편하게 하지만, 한편으로는 질투심이 인다.

금발머리를 땋아 내리고 춤추는 소녀들을 바라보고 있노라니, 그들과 같은 감정을 느낄 수 없다는 사실이 슬프다. 내가 나의 문화, 아니 어떤 민족 유산과도 일체감을 갖지 못한다는 사실에 화가 난다. 미국인들에게는 이토록 자연스럽게 되는 일인데.

마땅히 이들과 독일인으로서의 자부심을 나누어야 하는 나는 이 미국인들에게 배신자가 된 기분이다. 나는 내 마음속에서만 존재하는 나라, 국기도 국가도 없고 국민이라고는 단 한 사람뿐인 나라에서 온 스파이 같다. 아무도 내가 스파이라고 의심하지 않는다. 내 잔에는 독일 와인이 채워지고, 내 뱃속에는 독일 소시지가 채워진다. 나는 차로 호텔까지 모셔지고, 나의 이름은 우편물 수신자 명단에 추가된다.

집에
돌아오니,

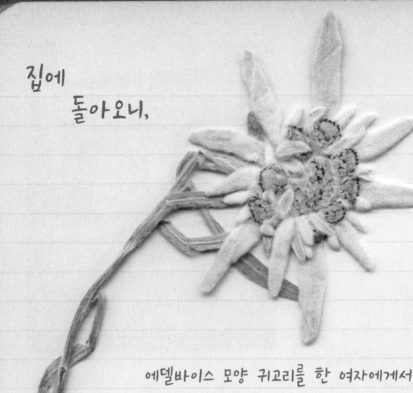

에델바이스 모양 귀고리를 한 여자에게서
메일이 도착해 있다.

"제2차 세계대전 동안 유대인들이 겪었던 고통은 잘 알려져 있습니다. 하지만 동부 독일 사람들이 겪었던 고통과 사망자 수는 전혀 알려지지 않고 있습니다. 제노사이드로 변한 추방은 60년 넘게 은폐되어왔습니다. 아래 링크를 누르시고 전자 청원에 서명하시면, PBS에 다큐멘터리 <수백만이 울었지만… 아무도 듣지 않았다>에 대한 방영 요청을 하실 수 있습니다."

나는 메일을 삭제한다.

내 탐색은 아무런 만족스러운 대답을 주지 않았다.
나는 이전에는 도저히 볼 수 없을 것 같던 곳을
보기로 결심한다.

현장노트 2부: 독일

2이4년, 나는 월드컵 경기가 한창인 독일로 간다. 텔레비전에서는 정치가들과 대학교수들이 독일 국기를 내거는 것이 적절한가의 문제를 놓고 격론을 벌인다. 베를린 거리를 가득 메운 축구 팬들은 경기 시작 전 국가가 울려 퍼져도 따라 부르는 법이 없다. 자동차에는 "독일, 사절"이라고 쓰인 스티커가 붙어 있다. 반파시즘 운동가들은 독일 국기 색깔이 들어간 모든 것을 없애야 한다고 주장하며 외친다. "독일을 사랑하는 사람은 모두 미움받아야 마땅하다." "하이마트—다른 곳도 다 엿 같아"라고 적힌 티셔츠를 입은 여자가 거리에서 내 옆을 지나간다. 술 취한 남자가 내게 어느 팀이 이길 것 같으냐고 묻는다. 내가 무시하자, 그는 내 행동이 "전형적인 독일식"이라며 비난한다.

"지금 너무 우쭐대선 안 됩니다." 독일 팀이 브라질 팀을 상대로 일곱 골을 넣은 후, 독일 코치가 텔레비전에 나와 경고한다. 경기 당일 트위터에는 나치 관련 포스팅이 95,000건 이상 올라온다. 다음 날 〈뉴욕 타임스〉에는 이런 문구들이 등장한다.

"브라질은 독일의 지배에 굴복했다."
"독일 선수들은 무자비했다."
"수준급 축구 학살."

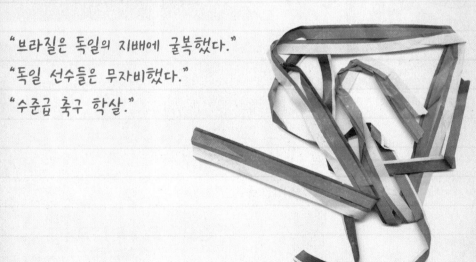

나는 경기가 끝난 후의 대혼란을 피해 지저분한 중고 가게로 들어가, 내키지 않지만 받아들일 수밖에 없는 나의 근원에 대한 실마리들을 찾는다.

정복해야 할 가파른 바위들과

건너가야 할 거센 강들을 본다.

털가죽 배낭을 메고 지팡이를 짚으며 들어가야 하는
양치류 가득한 깊은 숲을 본다.

버섯을 찾고,

울부짖는 수사슴의 뿔을 사냥하는 숲,

마녀와 늑대들이 사는 숲,

빨간 두건 소녀들이 버리고 떠난 오솔길들이 혈관처럼 뻗어 있는 숲, 집으로
돌아오는 길을 빵부스러기로 표시해둔 숲,

시로 쓰고 노래로 부르는 숲을.

나는 노란 유채꽃 밭을 보고 종달새의 노래를 듣는다.

가지런히 줄지어 선 포도덩굴을 보고 잊힌 노래를 떠올린다.

눈 덮인 전나무들과, 밤 냄새를 찾아 킁킁대는 사슴들의 흔적을 본다.

가슴을 드러낸 사이렌들이 매혹적인 목소리로 선원들을 유혹해

빠져 죽게 만드는, 급류가 물결치는 깊은 계곡을 본다.

이렇게 보고 있으면,
마치 누군가 뒤에서
나를 지켜보고 있는 것만 같다.

아무리 열심히 봐도, 끈질기게 나를 괴롭히는 불편한 느낌은 사라지지 않는다.

어쩌면 잃어버린 나의 고향, 하이마트를 찾을 유일한 방법은 뒤를 돌아보는 것,

추상적인 수치심을 뛰어넘어, 너무나 묻기 힘든 질문들, 내 고향,

그리고 아버지의 가족과 어머니의 가족에 대한 질문들을

던지는 것밖에 없을지도 모른다. 나와 그들이 살던 마을들로

발길을 돌리는 것. 내 어린 시절, 나의 시작점으로 돌아가,

빵부스러기를 따라가며, 그것들이 내게

집으로 가는 길을 알려주기를 바라는

방법밖에는 없을지도.

3.
독버섯

해마다 우리는 이탈리아로 가족 휴가를 갔다.

엄마, 비발디 음악 좀 꺼주면 안 돼요?

우리에게 전쟁 후 완벽한 재건을 이루어낸 이탈리아는 독일에는 없는, 아니 어쩌면 예전에는 있었으나 지금은 잃어버리고 없는 모든 것을 상징했다. 그곳에서라면 아무런 거리낌 없이 남부 유럽의 이국적 판타지를 누릴 수 있었다. 우리는 에어컨 없는 초록색 볼보를 타고 며칠씩 여기저기 돌아다니며 조그만

중세 마을들을 탐험하고, 지역 별미들을 맛보고, 외딴 박물관들을 찾아가고,

여기가 타르콥스키 감독이 영화 <노스탈지어>를 찍었던 곳이란다.

유명한 예술가, 작가, 영화 제작자 들의 발자취를 따라다녔다.

그렇게 여행을 다니던 중, 하루는 커다란 군인 묘지에 다다르게 되었다.

기하학적으로 완벽하게 나뉘어 있는 묘지의 모습에 왠지 주눅이 들었는데, 입구 가까운 곳에 독일어 비문이 보였다.

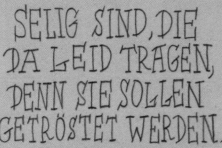

SELIG SIND, DIE DA LEID TRAGEN, DENN SIE SOLLEN GETRÖSTET WERDEN.

고통받는 자는 복이 있나니,
저희가 위로를 받을 것이리라.

우리의 발아래에는 이탈리아 군인들이 아니라 제2차 세계대전에 참전했던 독일 군인들이 누워 있었다. 전쟁이 끝나고 수십 년이 지난 후, 근처에 있던 임시 무덤에서 30,683구의 유해를 발굴해 신원 확인 절차를 거친 후 마침내 그곳에 묻힌 것이었다.

아빠!

먼 저 정신없이 주위만 보다 보니 아빠가 보이지 않았다.

묘지는 어마어마하게 넓었고,
우리는 미로 같은 무덤들 사이를 말없이 걸었다.

기다려요!

아빠, 뭐 찾아요?

우리 형.

잠시 후에야 저 멀리 아빠가 보였다.
아빠는 손에 종잇조각 하나를 들고 바삐 걷고 있었다.

열여덟 어린 나이에 돌아가신 삼촌이 있다는 사실은 늘 알고 있었다.
"전쟁 중에 죽었어." 아빠는 이렇게 말하곤 했지만, 삼촌이 어디서 어떻게
죽었는지 아는 사람은 가족 중 아무도 없는 것 같았다. 나는 삼촌이 들판과
숲, 포도원으로 둘러싸인 독일 남서부 지방에 있는 조그만 마을 킬스하임에서
할아버지 할머니 땅을 물려받을 상속자였다는 것은 알고 있었다. 삼촌이 죽고
얼마 후에 아빠가 태어났고 할아버지 할머니가 죽은 형 이름을 따서 아빠
이름을 프란츠-카를이라고 지었다는 것은 알고 있었다.

삼촌이 죽었기 때문
에 할아버지 할머니
는 아빠가 농장을 물
려받아 일구고 동물들
과 밭과 자두나무들
을 돌보기를 바란 것은
알고 있었다.

그리고 아빠가 그분들의
기대에 전혀 부응하지
않았다는 것도.

아빠, 1947년경.

어릴 때, 우리 집 거실 마호가니 장식장 서랍에서
퀴퀴한 냄새가 나는 상자 하나를 발견한 적이 있다.
거기에는 옛날 삼촌 사진들과 삼촌이 6학년 때 썼던 공책 몇 권이 들어 있었다.

공책에는 풍뎅이의 생활 주기와 유럽 산림업의 역사,
영웅적인 바이킹들의 모험과 '30년전쟁'이 남긴 상처,
베푸는 삶의 중요성과 개인위생의 필요성, 총통의 가난했던 어린 시절을 비롯해
그가 독일 여성들과 아리아인 아이들을 기리기 위해 어머니날을
다시 제정한 이야기 같은 것이 적혀 있었다.

besser für einen Zeichner geeignet.
5. Dort muß er Heil kriegen. 6. Er
sagte: „Keine." 7. oder sie machen
ihn hinunter.

Nr. 2.

Wie ich mein Mütterlein Ehrte.
Als ich am Muttertag aufge=
wacht bin, bin ich schnell aus
dem Bett und hab mich ange =
zogen. Dann bin ich schnell in
den Garten und habe einen

2번.

사랑하는 어머니 공경하기

어머니날 아침, 나는 일어나자마자 벌떡 침대에서 나와 옷을 입었다. 그런 다음 재빨리 정원으로 나가 꽃을 한 다발 꺾어 어머니 침대맡에 놓아드렸다. 어머니가 깨시자, 어머니날을 축하한다고 말씀드렸다. 그러고 부엌으로 가서 어머니를 위해 식탁 위에 컵 하나를 올려놓았다. 컵에는 "어머니날"이라는 글자가 쓰여 있었다. 식탁 위에는 케이크도 한 조각 올려두었다. 정오에는 숲에 나가, 어머니에게 드릴 산사나무 꽃을 한아름 땄다.

1938년 5월 31일, 킬스하임

어린 시절 내내 아빠는 할머니로부터,

형은 다정하고 행실이 바른 아이였다는 소리를 들었다.

고집 세고 못된 성격의 아빠와는 달리 말이다.
아빠는 유치원을 빼먹고, 조금 후에는 학교를 빼먹으며
퀼스하임의 중세 성 마당에서 혼자 놀았다.

[손글씨 독일어 부분]

Doktor Goebbels eröffnet.
Er erklärten dabei, daß die
Bücher unseren besten Freun=
de sind.
Allerlei Bücher gibt es die=
se Woche zu sehen. Mär=
chenbücher, Kriegsbücher,
Romane und besonders das
Buch Mein Kampf. Dieses
hatten Adolf Hitler selbst
geschrieben.

[삽화 속 글자] Das Dorf an der Grenze

[삽화 속 글자] Grimms Mät=chen

내게 삼촌은 완벽한 타인이었다.
내 주위에는 삼촌을 아는 사람이 한 명도 없었다.

삼촌을 생각할 때 떠올릴 수 있는 것은 전쟁과 죽음뿐이었다.
삼촌은 히틀러의 군인이었기 때문에, 나는 삼촌의 때 이른 죽음에 대해
슬픈 감정을 가져서는 안 된다는 것을 일찍이 감지하고 있었다.

사진과 공책들만이 삼촌이 존재했다는 유일한 물질적 증거였기 때문에, 나는 삼촌이
쓴 선동적 에세이들의 행간 어딘가에서 삼촌을 찾아보려고 필사적으로 노력했다.
그것은 마치 콘크리트 벽을 살피며 갈라지고 금 간 부분을 찾으려는 것과 같았다.

1. *[handwritten German text]*

bur

Ojwbul6. 3. Er mrklürstn dürbni, daß din.

dr. Ojwbbul6.

Mein Kampf

Nr. 8.

Din mwoigu Wwrhr.

Aur 9. November 1923 fir=

lnur prhrhur drutrhu Mänur

vu dur Fuldhwwrufulln in N

2.000

11번.

독버섯 같은 유대인

숲에 가서 예쁜 버섯들을 보면 맛있겠다는 생각이 들 것이다. 하지만 그 버섯들에는 독이 있기 때문에 먹었다가는 온 가족이 죽을 수 있다. 유대인은 딱 이런 버섯과 같은 존재이다.

유대인은 멀리서 보면 즉시 알아보지 못한다. 하지만 말을 해보면 즉시 알아볼 수 있다. 유대인은 좋은 사람인 척하면서 부끄러운 줄도 모르고 아첨을 한다. 온 가족을 죽게 만들 수 있는 독버섯처럼, 유대인은 온 국민을 싹 다 죽일 수 있다.

1939년 1월 20일, 킬스하임

der Jude, ein Giftpilz.

Wenn man in den Wald geht und man sucht Pilze, die schön aussehen, meint man, diese wären gut. Aber wenn man sie ißt, sind sie giftig und können eine ganze Familie töten. So wie dieser Pilz ist, ist auch der Jude.

Wenn man den Juden von weitem sieht, erkennt man ihn fast nicht, aber redet man mit ihm, so erkennt man ihn gleich. Er tut schön und schmeichelt einem ins Gesicht. So wie der Giftpilz eine Familie töten kann, so kann

고향을 그리워하는 이주자의 노트에서

독일의 좋은 것들 | Nº 3 | Das Pilze-sammeln

버섯 따기Pilze-Sammeln. 가족들과 버섯을 딴다. 하나하나 유심히 살피며 <버섯 안내서>에 있는 그림과 비교한 다음, 대바구니에 넣는다. 집에 돌아와서는 줄기와 갓 주름 사이사이에 묻어 있는 흙들을 제거하고 버터, 소금, 후추를 넣고 팬에서 살짝 튀겨내 검은 호밀 빵과 함께 먹는다. 버섯을 먹으면 마치 숲의 일부가 되는 느낌이 든다. 하얀색 물방울무늬가 있는 빨간 독버섯은 독일 어린이 책에 곧잘 등장하는 버섯이다. 새해 첫날에는 행운의 상징이 되어 연하장에도 등장하고, 그 모양으로 마르치판 과자도 만들어진다.

독버섯 의상을 차려입은 우리 엄마, 1953년.

(의상은 할머니 솜씨)

엄마는 지금까지도 이 사진을 찍은 순간을 기억하고 있다.
공주가 못 되고 독버섯이 된 것에
무척 실망했기 때문이다.

삼촌이 쓴 이야기는 1938년에 나온 반유대주의 동화책
『독버섯』의 영향을 받은 것일까?

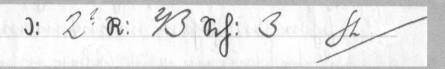

내용: B?　　철자: C⁺　　글씨: C

선생님은 버섯 이야기에서 오자 세 개와 문법 실수 두 개를 찾아내
표시했고, 내용 점수로 B를 준 다음 "St."라고 서명했다.

1938년, 아돌프 히틀러: "우리의 젊은이들은 오로지 독일인으로 생각하고 독일인으로 행동하는 법을 배우게 될 것입니다… 소년소녀들은 열 살 때 우리 조직에 입단해… 4년 뒤에는 '히틀러 소년소녀단'에서 '히틀러 청소년단'으로 이동할 것이고, 거기서 다시 4년 동안 있게 될 것입니다… 그 후 우리는 그들을 당이나 노동전선, 돌격대, 또는 친위대로 보낼 것입니다… 그런데도 여전히 일말의 계급의식과 엘리트주의 사상이 남아 있는 이들이 있다면…, 그들은 군대에서 좀더 치료를 받게 될 것입니다… 그리고 2년이나 3년, 혹은 4년 뒤에 돌아오면 우리는 그들을 다시 돌격대나 친위대로 보낼 것입니다. 그러면 재발은 없을 것입니다. 그리하여 그들은 남은 평생 다시는 자유로워지지 않을 것입니다."

삼촌은 1926년에 태어났다. 1936년, 국가사회주의자들은 1926년에 태어난
아이들의 90퍼센트가 히틀러 청소년단에 성공적으로 입단했다고 공표했다.
1939년이 되자 입단은 의무사항이 되었다.

컬스하임은 작은 도시다. 유대인들과 기독교인들은 수세기 동안 생업에 종사하며
더불어 살았다. 아마 삼촌은 그곳에 살았던 유대인 소년소녀들과 알고 지냈을
것이다. 공책에 그 이야기를 썼을 때 삼촌은 열두 살이었다.
나치 선전의 힘을 이해하기에는 너무 어린 나이였을 것이다.
그러나 유대인들이 독버섯이 아니라는 것은 이해할 만한 나이였다.

기억 보관자의 스크랩북에서

벼룩시장 발견물 No.1 : 아이들 물건

b. 총통 생신 기념 장난감: 4유로

a. 유대인 캐리커처: 0.20유로

c. 히틀러 청소년단 트레이딩 카드: 10개 세트, 2유로

d. 겨울 불우이웃돕기 모금함에 돈을 내면 주던 브로치: 개당 4유로

Schneeballschlacht!

„Der Schnee bäckt fein", ruft Heinz. „Kommt, wir bauen eine Burg und machen eine Schneeballschlacht." „O ja!" „Das ist fein!" „Alle ran!" Bald stehen die Wände der Burg. An den Ecken werden noch zwei Türme aufgesetzt. Nun kann die Schlacht losgehen.

e. 초급 독본: 1유로

„Brr", macht Otto und schüttelt sich, er ist an den Hals getroffen. Werner wälzt sich lachend im Schnee, er ist über seine eigenen Beine gestolpert. „Du bist totgeschossen", necken ihn die andern.

Dreimal müssen die Angreifer stürmen, erst beim vierten Male sind sie Sieger. Der linke Turm steht noch, da stecken sie ihre Hakenkreuzfahne drauf.

„Noch einmal", ruft Otto, „aber jetzt wollen wir die Angreifer sein!"

Der Schneemann.

Seht den Mann, o große Not!
Wie er mit dem Stocke droht,
gestern schon und heute noch!
Aber niemals schlägt er doch.
Schneemann, bist ein armer Wicht,
hast den Stock und wehrst dich nicht.

82

15

묘지에서 겨우 아빠를 따라잡고 보니, 아빠는 자기도 모르게 예배당 안으로 들어가
그곳 명부에 적힌 이름들을 살펴보고 나오는 길이었다.
거기, 아빠의 시선이 한순간 머물렀던 수천 개의 이름들—

한때는 부엌 창문 너머로 저녁 먹으라고 부르던 이름들, 크리스마스 선물과 학교
공책에 쓰여 있던 이름들, 교실에서 엄한 목소리로 불리던 이름들, 입대 날 소령들이
격식을 차려 호명하던 이름들,
떠나기 전날 밤

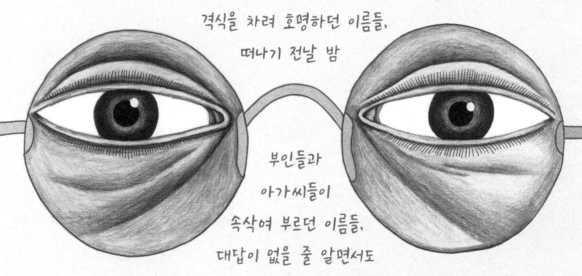

부인들과
아가씨들이
속삭여 부르던 이름들,
대답이 없을 줄 알면서도
전쟁터에서 목 놓아 부르던 이름들, 상관에게 보고되던 이름들,
대령 비서들이 사무실 타자기로 타닥타닥 치던 이름들, 축축한 군사 편지지에서
읽히고, 다시 읽히고, 또다시 읽히던 이름들, 돌에 새겨진 이름들,
어머니들과 아버지들이 마지막 숨을 몰아쉬기 전 조용히 떠올리던 이름들

— 가운데서, 모르는 사람들의 것인 그 모든 낯선 이름들 가운데서,
아빠는 자기가 찾던 이름을 발견했다.
바로 자신의 이름을.

아빠가 든 종이쪽지에는 삼촌 무덤의 정확한 위치를 알려주는 숫자가 적혀 있었다. 비석은 깔끔하게 잘 관리되어 있었고

FRANZ-KARL KRU
OBERGRENADIER
4.6.1926 – 16.7.1

삼촌과 아빠가 언제나 공유했던 이름이 새겨져 있었다.

그때 처음, 나는 삼촌의 죽음을 물리적으로 실감했다. 순간, 삼촌이 무거운 마호가니 장식장 저 깊은 곳에서부터 모습을 드러냈다. 그것은 그림자가 아니라 사람의 모습이었다. 내가 눈을 마주치며 "삼촌"이라고 부를 수도 있었던 사람, 내 첫 영성체 선물로 염소를 줄 수도, 사촌들이 자라면서 못 입게 된 옷들을 내게 물려줄 수도 있었던 사람. 그해 여름, 이탈리아에서 2차 대전에 참전했던 독일군 묘지에 갔는데 모르는 이름들이 새겨진 비석들이 즐비하더라는 이야기를 엽서에 적어 보낼 수도 있었던 사람.

삼촌 무덤 앞에 서 있으니, 삼촌의 삶이 어땠을지 이해하고 싶었다. 삼촌은 전쟁터에서 싸우는 게 자랑스러웠을까? 두려웠을까? 마지막 순간에 본 건 무엇이었을까? 마지막 순간, 삼촌은 무슨 생각을 했을까?

"처음이야, 형이랑 이렇게 가까이 있어본 게."
아빠가 말했다.

엄마, 비발디 틀어줄래요?

서로 포개놓은   두 사진이   완벽하게 겹쳐진다.

첫 영성체 초를 들고 있는
두 개의 팔.

찬송가 책을 들고 있는
두 개의 팔.

새로 나타난 얼굴이
나를 똑바로
쳐다본다.

4.
가족 판타지

엄마는 망각의 시대에서 자랐다.

엄마는 1946년, 나의 고향이기도 한 카를스루에에서 태어났다.
1950년대 독일 텔레비전에서 방영된 것이라곤, 알프스산맥과 슈바르츠발트의
풍경 속에서 펼쳐지는 현실 도피적 로맨스물뿐이었다.

열여섯 살 때, 엄마는 홀로코스트에 대한 내용이 실린 좌익 잡지를 쓰레기통에서
발견했다. 독일이 저지른 잔학 행위에 대해서는 학교에서 이미 배웠지만,
수용소 사진들을 보기는 그때가 처음이었다. 공포에 휩싸인 채,
엄마는 할아버지를 대면했다.

"할아버지는 뭐라고 하셨어?" 십 대 시절 나는 엄마에게 물었다.

"네 할아버지가 나치였을 거라고는 생각하지 않아. 히틀러는 노상 소리를 질러대서
마음에 안 든다고 하셨거든. 한번은 할아버지 할머니가 친구 분들과
커피를 마시면서 나누는 얘기를 들었는데 그러셨어.
'아무도 유대인들에게 무슨 일이 벌어지고 있는지 몰랐지.
하지만 600만 명은 아무래도 과장처럼 들린단 말이야.'"

빌리 할아버지와 안나 할머니, 1952년경.

"할아버지가 네가 열여섯 살이 되면 이걸 주라고 하셨어." 엄마가 말했다.

"아마 군대에서 받은 걸 거야." 시계는 유리판이 깨져 있었지만 시간은 여전히 정확하게 맞았다. 나는 시계를 벨트 고리에 끼워 어딜 가든 차고 다녔고, 끊임없이 태엽을 감았다. 나는 시계를 귀에 갖다 대고는, 어딘가의 진흙 참호 속에 누워 똑딱똑딱 가차 없이 흐르는 금속성 소리를 듣고 있는 빌리 할아버지의 모습을 상상했다.

그것이 내가 그 세대 남자들을 생각할 때 떠오르는 이미지였다.

어느 해인가 크리스마스 날, 엄마라면 절대 사주지 않았을, 배터리로 작동하는 짖는 개 장난감을 선물로 주신 일. 우리 집 차고에 나타난 죄 없는 거미를 발로 밟아 죽여 어린 나를 경악시킨 일. 특별한 날이면 갔던, 분홍 식탁보가 깔린 멋진 레스토랑에서 감자 크로켓을 드시다 목에 걸렸던 일 정도다.

만일 누군가 빌리 할아버지는 어떤 사람이었는지, 조용한 사람이었는지 흥이 많은 사람이었는지 너그러운 사람이었는지 엄격한 사람이었는지 물어온다면, 글쎄, 나는 뭐라고 대답해야 할지 알 수가 없을 것 같다.

빌리 할아버지와 안나 할머니는 한 번도 내게 옛날 사진을 보여준 적이 없었다. 자신들이 어떻게 살았는지에 대한 이야기도 들려준 적이 없었다. 젊은 시절 이야기는 절대로 꺼내는 법이 없었다. 학교에서 그 전쟁에 대해 배우기 전까지만 해도, 나는 할아버지 할머니에게 젊은 시절이 있었을 거라는 생각은 하지 못했다. 엄마도 할아버지 할머니 이야기를 별로 하지 않았다. 한다고 해도, 이미 너무 많이 생각하고 너무 많이 이야기한 화제로 되돌아갈 때 느끼는 피로감 같은 것이 느껴졌다. 내 머릿속에서 가족이란 부모에서 시작되어 나로 끝나는 것이었다.

빌리 할아버지의 아내인 안나 할머니는 1982년에 심장마비로 돌아가셨다.

할머니는 영안실 유리벽 너머에 꽃다발로 둘러싸인 채 누워 있었다.

6년 뒤 할아버지도 돌아가셨다.

엄마는 빨개진 눈으로 부엌에서 앞치마를 두른 채 서 있었다.

할아버지는 여든여섯 살이었고 나는 열한 살이었다.

아빠 쪽 할아버지 할머니는 내가 태어나기도 전에 돌아가셨다.

이제 내 삶에는 할아버지 할머니가 남아 있지 않았다.

내게 한 번도 보여준 적 없는 사진들이 나의 삼촌 프란츠-카를의 공책과 함께
거실 장식장 맨 아래 서랍, 낡은 신발상자 안으로 옮겨졌다.

눈을 감으면 외갓집의 모습이 하나하나 다 기억난다. 방충제 냄새를 풍기는 플란넬
모자가 코트걸이에 걸려 있던 복도, 할아버지가 창문을 막아버려 소리가 나지
않았던 슈바르츠발트 뻐꾸기시계, 나처럼 수줍은 시선으로 내 눈을 마주 보던
도자기 사슴 밤비가 든   거실 유리 장식장, 꽃무늬 식탁보 위에 놓인
꽃무늬 받침접시와   꽃무늬 커피 잔이 달각거리며 부딪
치던 소리, 고리가   달린 라이츠Leitz 바인더들과
언제나 축축하게 젖어   있던 녹황색 우표용
스펀지가 놓인   할아버지의 간소한
오크나무   책상.

고향을 그리워하는 이주자의 노트에서

독일의 좋은 것들 № 4 | Der Leitz-Aktenordner

발명가 루이스 라이츠의 이름을 딴 이 바인더Leitz-Aktenordner는 1896년 개발되었다. 독일이 점점 더 관료 조직화 되어가던 시기에 정리정돈 체계를 확립하기 위한 일환이었다. 바인더의 견고함은 내구성을 약속하고, 실용적인 디자인은 관리 책임을 보장한다. 라이츠 바인더는 뉴욕 주재 독일 영사관이 선택한 바인더로, 바인더용 펀치와 함께 수입된다. 라이츠 바인더는 건강보험, 생명보험, 출생 및 사망 신고서 등 내 인생에서 가장 중요한 문제들을 든든하게 정리해주었다. 독일 속담 중에는 '정리정돈은 필수' '정리정돈이 인생 투쟁의 절반'이라는 말이 있다. '모든 것이 정리정돈 되어 있다'는 표현은 세상에 걱정할 거리가 아무것도 없다는 의미다.

몇 년에 걸쳐 엄마와 카린 이모에게 질문을 던진 끝에, 나는 빌리 할아버지의 인생 이야기를 재구성하게 되었다.

빌리는 1902년 카를스루에에서 태어났다. 그에게는 남동생 에드빈과 여동생 프리다가 있었다. 프리다는 어릴 때 사망했다.

공장노동자였던 그의 아버지는 빌리의 견진성사 때 종이로 만든 예복밖에는 해줄 돈이 없었다. 옷은 검정색이었는데 그날 비가 오는 바람에, 빌리는 그날의 하늘처럼 회색으로 변했다.

어머니는 빌리가 열여섯 살 때 사망했다.

손 식탁 위에 올려!

다 먹어야지!

아버지는 어머니의 초상화를 커프스단추에 새겨 넣었지만 곧 재혼했다.

그년 후 빌리의 아버지가 체내 폐색으로 사망하자, 새어머니는 양아들들을 더 이상 데리고 있을 수 없다며 집에서 내쫓았다.

열여덟 살이던 빌리는 그때부터 열한 살짜리 동생을 돌봤다. 빌리와 에드빈은 서로 잃어버릴 까봐, 어디를 가든 새끼손가락을 걸고 다녔다.

최초로 자동차 특허를 낸 카를 벤츠는 카를스루에 출신이었고, 당시 그곳에선 자동차 수리공에 대한 수요가 아주 높았다. 먹고 살기 위해 빌리는 정비소에서 기술을 배웠고…

…에드빈은 농장 일꾼으로 시골로 보냈다.

주말이면 빌리는 에드빈을 보러 갔다.

어느 날 빌리는 우유장수의 딸 안나를 만났고, 두 사람은 1930년에 결혼했다.

빌리는 어느 유대인 리넨 세일즈맨의 운전사 자리를 얻었다. 그는 시트와 수건, 식탁보를 넣은 자루들을 트럭 가득 싣고 고용주를 태우고 시골을 돌아다니며 딸의 결혼을 준비하는 사람들에게 혼수품용 리넨을 팔았다.

시골길을 하염없이 달리면서

그들은 무슨 이야기를 했을까?

시간이 흐르면서 친구가

되었을까?

"두 사람은 아주 사이가 좋았어." 카린 이모는 내게 말하곤 했다.

빌리

"그러던 어느 날 그 고용주가 '떠나야' 한다고

말하더니 그동안 열심히 일해주어

고맙다고 큰돈을 줬대."

할아버지가 이모에게
들려준 유대인 리넨
세일즈맨 이야기는
진짜였을까?

아니면 그저 전후의 가족 판타지였을까?

빌리가 유대인 고용주를 장모님 댁 뒷마당
헛간에 숨겨줬다는 이야기처럼? "생긴 모습을
볼 때" 그리고 커프스단추 초상화 속 어머니의
머리가 붉은색이었기 때문에 빌리의 조상이
유대인일지 모른다는 이야기처럼?

우리 가족이 유대계라는 증거는 그 누구도 발견하지 못했고 찾아보지도 않았지만, 그런
추측은 죄의식에 시달리던 십 대 시절의 내게 위안이 되었다. 젊은 시절 외국을 여행
하다가 어디서 왔냐는 질문을 받으면, 나는 근거 없는 확신을 가지고 그럴 가능성에
대해 언급하곤 했다.

너무 멋져요!!

빌리는 고용주가 준 돈을 받아
그것으로 차를 한 대 샀다.
그리고 곧 운전 교습소를 차렸다.

전쟁이 시작되자 그는 "후방"의 군인들에게
운전을 가르치는 조교로 차출됐고,
그래서 전방에서의 의무에서는 벗어나게 되었다.

카를스루에

어쩌면 그 유대인 고용주는 자신의 후한 선물로
내 할아버지의 목숨을 구해준 것인지도 모른다.
그러나 그렇게 함으로써, 그는 또한 독일의
전쟁 준비를 간접적으로 도운 셈이기도 했다.

이 이야기를 들려주며 엄마와 이모가 보여준
안도감 덕분에 나는 불안에서 벗어났다.
진창이 된 참호에 누워 있는 빌리 할아버지의
모습은 다른 모습으로 대체되었다.

멀고 먼 곳에서 다른 사
람들이 잔학한 짓을 저
지르는 동안, 자신의 차 안
회색 가죽시트에
영원히 붙박인 듯
앉아 있는 모습으로.

빌리의 동생 에드빈은 석공으로 도제살이를
마친 후 일거리를 찾아 길을 떠났다.

그는 스위스까지 갔고, 거기서 엘자라는
여인을 만났다.

엘자가 두 아이를 돌보는 동안 에드빈은 교회 계단을
만들었고, 자유 시간에는 축구나 저글링을 했다.

스위스 시민권 획득을 겨우 두 달 앞둔 1943년
봄, 독일에서 에드빈에게 편지 한 통이 왔다.

스위스에서는 독일인 석공을 필요로 하지 않았다. 그들을 원하는 곳은 전선이었다.

어느 나라 말이에요?

여기는
BBC입니다.

독일로 소환된 에드빈은 총 쏘는 법을 배운 뒤
러시아로 보내졌다.

엘자와 아이들은 중립국
스위스에 남아 있었다.

a. 조종사가 찍은 스냅 사진: 2유로

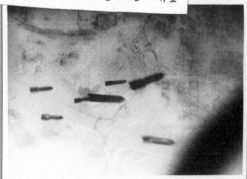

b. 아이가 그린 그림: 0.50유로

**c. 연합군 공습 도중 가짜 공연 프로그램.
1943년 폭격으로 왼쪽이 그슬렸다.
프로그램에는 시립 사이렌 오케스트라가
연주하는 쾌활한 서곡, 방공호 소장의
개회사, 야외 불꽃놀이 등이 포함되어
있다: 1유로**

Einladung zum Kellerfest

Beginn beim Erklingen der Jubelouvertüre ·
Frühzeitiges Erscheinen sichert gute Plä

Programm

1. Jubelouvertüre
   ausgeführt vom Stadt. Sirenen-Orchester
2. Begrüßungsansprache des Hausluftschutzwa
3. Gemeinsames Lied.
   Alle Vögel sind schon da
4. Einführungsworte.
5. Gesang des Männerchors.
   Mit Bomben und Granaten
6. Vortrag. Alle Gute kommt von oben
   Referent: Prof. Dr. Splitterbombe
   Im tiefen Keller sitz ich hier
7. Feuerwerk im Freien
   ausgeführt von Tommy & Flak · Berlin / Lo

Berlin
im September 1940

d. 독일 구조대원조합 회원증: 0.25유로

DEUTSCHE LEBENS-RETTUNGS-
GESELLSCHAFT E.V. · BERLIN

GRUNDSCHEIN

2. Februar 1944.

e. C가 여동생 M에게 보낸 편지: 0.50유로

Liebe Martha!

Nichts höre ich v
gesund bist oder
Du mußt in de
voller Angst ausgestanden haben. Sei so gut,
gib mir sofort Nachricht, damit ich beruhigt
bin. Von Else weiß ich nicht einmal die
Adresse!! Von der Hanna habe ich auch keine

**"소식이 전혀 없구나. 잘 지내고 있는지, 아직 살아 있
기는 한지 알 길이 없구나! 분명 그 낡은 지하실에서 고
생고생하며 여러 밤을 보냈겠지. 마음 좀 놓을 수 있게
부디 빨리 편지 좀 보내다오."**

5.
회복되지 못한
상처들

퀼스하임의 간략한 역사

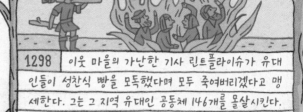

1298 이웃 마을의 가난한 기사 린트플라이슈가 유대인들이 성찬식 빵을 모독했다며 모두 죽여버리겠다고 맹세한다. 그는 그 지역 유대인 공동체 146개를 몰살시킨다.

1336 옆 마을 기사 아르놀트 폰 위시히하임이 또 다른 신성모독 행위를 목격했다고 주장하며 〈다른 마을 사람들과 함께〉 퀼스하임에 쳐들어와 유대인 대부분을 죽인다. 아르놀트는 그 일로 참수형에 처해지지만 박해는 계속된다.

1349 흑사병이 마을을 휩쓸어 상당수 인구의 목숨을 앗아간다. 그 결과 유대인들이 우물에 독을 풀었다는 비난을 받고 죽임을 당한다.

1525 마을 농부들이 농노 신분에서 벗어나기 위해 농민전쟁에 참전한다. 혁명은 진압되고 퀼스하임의 주모자들은 처형당한다.

1622 30년전쟁에 참전했던 병사 수백 명이 마을을 지나며 역병을 퍼뜨린다.

1656 마을 성벽 밖 옛 점토채취장 자리에 유대인 묘지가 만들어진다. 망자의 시신은 마을을 우회하는 지정된 길로 옮겨야 한다.

1837 유대인에게는 기독교인과 동일한 권리를 주어서는 안 된다는 청원에 시장이 서명한다.

1862 새로운 법이 유대인에게도 기독교인과 동일한 권리를 보장한다.

1866 프로이센-오스트리아 전쟁에 참전했던 병사들이 돌아오면서 콜레라가 퍼진다.

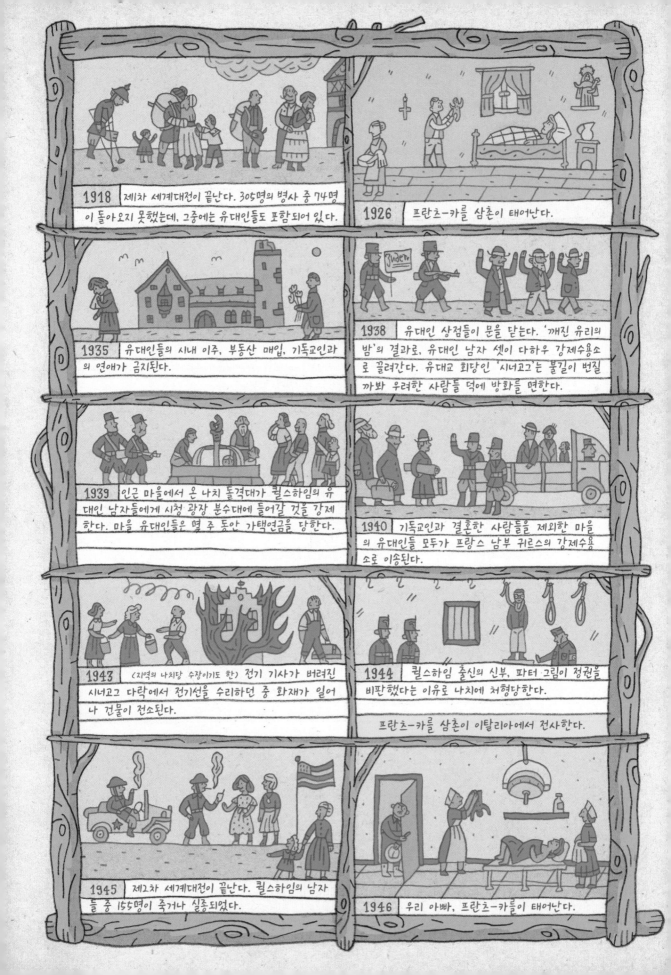

1918 제1차 세계대전이 끝난다. 305명의 병사 중 74명이 돌아오지 못했는데, 그중에는 유대인들도 포함되어 있다.

1926 프란츠-카를 삼촌이 태어난다.

1935 유대인들의 시내 이주, 부동산 매입, 기독교인과의 연애가 금지된다.

1938 유대인 상점들이 문을 닫는다. '깨진 유리의 밤'의 결과로, 유대인 남자 셋이 다하우 강제수용소로 끌려간다. 유대교 회당인 '시너고그'는 불길이 번질까봐 우려한 사람들 덕에 방화를 면한다.

1939 인근 마을에서 온 나치 돌격대가 퀼스하임의 유대인 남자들에게 시청 광장 분수대에 들어갈 것을 강제한다. 마을 유대인들은 몇 주 동안 가택연금을 당한다.

1940 기독교인과 결혼한 사람들을 제외한 마을의 유대인들 모두가 프랑스 남부 귀르스의 강제수용소로 이송된다.

1943 〈지역의 나치당 수장이기도 한〉 전기 기사가 버려진 시너고그 다락에서 전기선을 수리하던 중 화재가 일어나 건물이 전소된다.

1944 퀼스하임 출신의 신부, 파터 그림이 정권을 비판했다는 이유로 나치에 처형당한다.

프란츠-카를 삼촌이 이탈리아에서 전사한다.

1945 제2차 세계대전이 끝난다. 퀼스하임의 남자들 중 155명이 죽거나 실종되었다.

1946 우리 아빠, 프란츠-카를이 태어난다.

아빠는 독일이 헝가리에서 약탈한 금 보유고를 반환한 날인
1946년 8월 6일에 태어났다.

아빠가 아직 아기였던 1947년, 알로이스 할아버지는 트랙터 낙상사고로 돌아가셨다.
할아버지는 농장과 밭, 사냥총, 제2차 세계대전 당시 소총, 총통이 군인들에게 선물
로 하사한 (아무것도 적히지 않은) 진중일지kriegstagebuch, 그리고 약간의 사진들을 남겼다.

콧수염―전쟁이 지나자 유행도 지나갔다―이 있음
에도 불구하고, 사진 속의 알로이스 할아버지는 전혀
열렬한 히틀러 지지자처럼 보이지 않는다.

오히려 할아버지는 제
2차 세계대전을 그린
외국 코미디 영화에 나
오는 나치 역할의 배우
같다. 할아버지의 작
고 다부진 체격 때문
에, 젠체하며 당당하게 서 있는 주위 군인들이 의도치 않게 우스꽝스러워 보인다.

알로이스 할아버지는
마을에서 가장 먼저 자동차를
소유한 사람들 중 하나였다.
퀼스하임에서 손꼽히는
부농이었기 때문에

다들 할아버지를 "영주"라고 불렀다.

아빠는 할아버지나 증조할아버지에 대해 아는 게 별로 없었다. 사실, 가족 중 다른 누구에 대해서도 잘 몰랐다. 아버지에게서 아들로 그리고 손자로 전해지고, 대대손손 함께 이야기하고 또 이야기하며 나누는 그런 가족사라는 것이 없었다.

이야기가 없었기 때문에 역사도 없었다.

"농부 여인의 야생 종자였지." 아빠는 어린 시절의 자신을 이렇게 묘사한다.

아버지 없이 자라면서, 아빠는 마음대로 학교를 빼먹고, 마을 사람들에게 장난을 치고, 하인리히 외할아버지(아빠의 외할아버지는 기름때 묻은 무쇠 냄비들이 걸려 있고 새끼 낳는 암소처럼 다리가 벌어진 의자 들이 놓인 레스토랑 '로즈'의 주인이었다.

외할아버지는 본메로우 아빠를 부르곤 했다)

덤플링 수프를 먹으러 오라고 종종 에게서 가져온 맥주 짝들을

미군기지 군인들에게 바가지요금을 받고 팔았다.

아빠는 이런 이야기를 들려주며

장난꾸러기처럼 킥킥 웃는다. 그러면서

잠깐이나마 지금의 아빠와

힘들었던 어린 시절의 자신 사이에

자리하고 있는 깊은 구렁을 메운다.

친자 확인
검사라도 하겠어요!

마리아 할머니는 어떤 엄마였는가 하면, 자기가 더 자고 싶어서 아빠가 아침을 거른 채 학교에 가도록 방치했고, 밀가루 포대들이 쌓여 있고 쥐 가족이 사는 다락방에서 아빠 혼자 자게 했다.

(쾰른에 있는 집이 폭격을 당하는 바람에) 할머니 집 뒤에 있는 헛간에서 살던 남자와는 이상한 소문이 피어 났다. 그 남자는 2차 세계대전 당시 군복을 검게 물들여 평상복으로 입고 다녔다.

또 다른 남자와 사랑에 빠져 보증을 섰는데 그 남자가 투기사업에 실패하고 잠적해버리는 바람에 그 빚을 갚느라 죽은 남편이 남긴 재산을 모조리 탕진해야 했고, 덕분에 의도치 않게 아들에게는 남을 함부로 믿어선 안 된다는 교훈을 가르쳤다.

할머니는 가톨릭 기숙학교 신부들에게 아빠를 맡기고 방치했다. 아빠가 열한 살부터 스무 살까지 살았던 그 학교에서 학생들이 선택할 수 있는 건 회초리 아니면 허리띠뿐이었다.

죽어버리지
그래어요!

할머니가 '여호와의 증인'에 빠지는 바람에 아빠는 여름에 집에 돌아가지 못하는 유일한 아이가 되었다. 신부들이 논란 다분한 교파에 빠진 어머니를 믿을 수 없다고 생각했기 때문이다.

(훗날 헛간 대들보에서 떨어져 죽은) 정육점 주인인 할머니의 남동생 아우구스트가 조카인 아빠에게 화풀이를 할 때도 할머니는 그저 방관할 뿐이었다.

아빠에게 퀼스하임은 헤집어진 상처에 불과했다.

아빠는 수도원 학교를 졸업한 후 그곳을 떠나 카를스루에로 공부하러 왔다.
퀼스하임에서 가져온 것이라곤 지하실에 있던 마리아 할머니의 자두 슈납스
한 병과 미군들이 들어왔을 때 알로이스 할아버지가 마룻널 밑에 숨겨두었던
소총 두 자루밖에 없었다. 할머니가 돌아가시자, 아빠는 옛 농가로 돌아가
형의 사진들과 공책을 챙겨 그곳을 떠났다. 그리고 다시는 돌아가지 않았다.

—— 꿈에서 말고는.

아빠는 자신의 어린 시절 이야기를 마치 아무 상관없는 다른 사람의 인생을
이야기하듯 한다. "다른 이야기 하자." 어린 시절에 대해 물을 때마다
아빠는 이렇게 화제를 돌린다. 그것은 안네마리, 내가 태어나기 전 해부터
아빠와 절연하고 지내서 이제껏 내가 한 번도 본 적 없는,
아빠보다 열네 살 많은 누나이자 나의 고모에 대해
아무것도 묻지 말라는 뜻이다.

6.
서랍을 열다

엄마는 외할아버지 외할머니 얘기를 좀체 해주지 않았기 때문에, 자라면서 그분들 옛날 사진을 본 건 낡은 신발상자가 들어 있는 거실장 서랍에서 새 양초를 꺼내 오는 심부름을 할 때뿐이었다.
때때로 나는 사진 몇 장을 들고 가서 엄마한테 설명을 부탁하곤 했다.

외갓집, 꽃무늬 식탁보, 소박한 오 크나무 찬장, 고요한 독일 풍경 과 낭만적인 스페인 거리를 그 린 그림들을 보 면 엄마는 종종 인 상을 찌푸리곤 했다. 그것들은 엄 마가 러시아 소 설을 읽고, 프랑스 영화를 보고, 언 젠간 이탈리아를 여 행할 꿈을 꾸면 서 탈출하려 했던 5,60년대 중산층의 숨 막히는 갑갑함의 표상이었다.

25년여가 지난 지금, 카를스루에에 돌아온 나는 다시 그 서랍을 열어보기로 결심한다. 비누 냄새 나는 양초들과 모서리가 나달나달한 낡은 신발상자와 사진들이 여전히 어지러이 들어 있다.
나는 서랍에서 신발상자를 꺼내 브루클린으로 가져온다.

빌리 할아버지의 전쟁 시절 경험을 말해주는 사진은 많지 않다.

한 장의 사진 뒤에는 "44/5/9 카를스루에 공격"이라고 적혀 있다.

또 다른 사진에는 길에서 땅을 파고 있는 병사들의 모습이 보인다.

나머지는 제복 차림의 할아버지가 안나 할머니와 카린 이모와 찍은 사진들이다. 독수리 휘장과 베르마흐트 벨트, 어깨 견장에 수놓인 숫자 5 이외에, 제복에는 아무런 장식이 없다.

빌리 할아버지의 제복에 대한 실마리를 찾기 위해 검색을 하자, 모니터 위로 베르마흐트 제복을 입은 사람들의 이미지들이 떠오른다. 역사적으로 유명한 인물들도 있고, 당대 사람들도 있다. 나는 브루클린의 어느 카페 의자에 경직된 자세로 앉아, 내 뒤에 앉은 사람들이 스바스티카와 SS 휘장을 보지 못하게 상체로 가리려고 애쓴다. 나는 그 사진들 몇 장에서 할아버지와 할머니의 얼굴을 지우고 "추축국에 대한 토론"을 하는 포럼에 올린다.

"홀로코스트에 대한 부정은 용인될 수 없습니다." 그 웹사이트는 이렇게 천명하고 있지만,
거기 올라온 몇몇 코멘트들을 보면 그 정치적 고결성에 의구심을 품게 된다.

"팔고 사요" 카테고리에서는 스코틀랜드에 사는 누군가가 자신의 첫 재현 모임을
준비하느라 제복 부속품들을 구하고 있다.

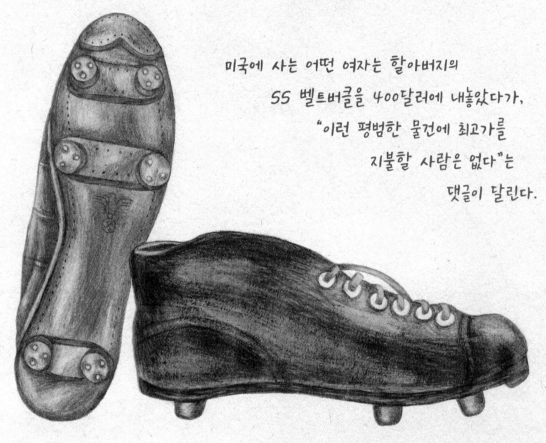

미국에 사는 어떤 여자는 할아버지의
SS 벨트버클을 400달러에 내놓았다가,
"이런 평범한 물건에 최고가를
지불할 사람은 없다"는
댓글이 달린다.

홍콩의 어떤 이는
지붕을 들어올려 피규어들을 집 안에 배치하고
창문 밖으로 총을 쏘게 할 수 있는 미니어처 러시아 집을 판다.

체코공화국의 한 커플은 밑창에 스바스티카 표지가 있는,
2차 대전 당시 독일군 축구화를 복제한다.
내가 본 중 제일 솜씨 좋게 만들어진 신발이다.

199,742명이 방문한 "남자 헤어스타일" 카테고리는
포럼에서 가장 많은 사람들이 본 타래다.

"저는 제3제국 시대 독일 남자 헤어스타일에 관심이
많습니다." 스웨덴의 D.R.이 글을 올린다. "좋은 사진
갖고 계신 분이 있다면 올려주시면 정말 감사하겠습니다."

"제 머리가 바로
독일식 커트예요."
독일의 D가 답글을 달고,
다양한 각도에서 찍은
자기 머리 사진들을 올린다.
어떤 사진에도 얼굴은 보이지 않는다.

"커트 죽이네요.
완전 아리아족 같아요!"
쿠알라룸푸르에서 M.E.가 박수를 보낸다.

"머리 멋짐." 몬트리올의 O.가 잘라 말한다.
"프린트해서 내일 이발소에 가져가고 싶네요."

"몹시 불편하겠지만," K.D.F.가 끼어든다.
"아돌프 히틀러 스타일로 해달라고 말해야 해요."
체코공화국의 I.는 쓴다.

"이발사가 제가 원하는 스타일을 이해하지 못해서 독일군 스냅 사진들이 실린 책을 가져가야 해요. 그럼 만사형통입니다. ☺

포마드로는 이스라엘제 헤어 젤을 써요… 효과가 얼마나 좋은지 하루 종일 헬멧을 써도 전혀 문제가 없더라고요."

할아버지 사진들을 올리고 채 몇 분도 지나지 않아 애리조나의 T.(80세)가 모니터에 뜬다. "이건 전형적인 독일 육군 제복(상비군)이에요. 맨 위는 하사 계급 정도로 볼 수 있는 운터오피지어Unteroffizier, 다음 사진의 갈매기형 수장은 6년 이하 선임인 오버게프라이터Ober-gefreiter 겁니다. 요즘 영국 육군에서 상병 정도에 해당하는 계급이죠."

그럼 아주 높은 계급은 아니었던 거구나.

나는 안도한다.

십 대 시절, 카린 이모는 독일이 벨기에를 침공한 후 빌리 할아버지가 '크노커'라는 서플랑드르의 어느 바닷가 마을에 배치되었다는 이야기를 해줬다. 나는 늘 할아버지가 전쟁 기간 내내 "후방"에 있었다고 생각했었다. 할아버지가 서부전선 가까이 있었다

는 사실을 알게 되자 걱정이 됐다. 신발상자 속 사진들 사이에서 크노커 사진들이 실린 기념책자를 발견한다. 바다와 모래, 파라솔, 보드워크를 따라 한가하게 산책하는 사람들, 수영복 차림에 막대기를 들고 해변에서 조개를 찾는 소년들. 평화롭고 완벽하게 행복해 보이는 스냅 사진들이다. 카린 이모는 빌리 할아버지가 전쟁이 끝날 무렵 포로로 잡혔었다고 말했다. 나는 마음이 놓였다. 할

아버지는 할아버지를 좋아했던 유대인 밑에서 일했다. 할아버지의 절반 또는 1/4은 유대인일 가능성도 있었다. 하지만 그 무엇보다 위안이 되는 것은 할아버지가 독일군이었다는 것에 대해 처벌받았다는 사실이었다.

탕파Wärmflasche는 춥거나 아프거나 괴로울 때 위안을 준다. 우리 집의 일상적인 저녁 의식은 잠들기 전 엄마가 모두에게 하는 질문이었다. "탕파 원하는 사람?" 우리 집에는 적어도 세 개의 탕파가 있었다. 미국 판매율은 저조하지만, 하나의 독일 제조업자가 해마다 전 세계에 360만 개의 탕파를 판매한다. 남편은 탕파가 번잡하고 구식이라고 생각한다.

패브릭 커버 디자인 중 가장 인기 있는 것은 펄쩍 뛰는 수사슴이다. 독일제 탕파는 100퍼센트 재생 가능한 소재로 만들어지고 국제의학 기준을 준수한다. 일부 모델에는 2년 "방수 보증서"가 딸려 있다. 믿을 수 있고 튼튼하고 안전한 탕파는 거기서 나오는 온기만큼이나 안도감을 준다.

20년이 흐른 지금 플랑드르 사진들을 다시 보고 있던 나는 신발상자 안에서
전에는 간과했던 다른 수첩 하나를 발견한다. 급료지급대장 겸 신분증이다.

나는 그 내용을 주의 깊게 살핀다.

이에 따르면, 빌리 할아버지는 군인의 소양은 갖췄으되 열성적인 전사는 아니었다.
1942년 11월 20일, 할아버지는 현장 근무에 적합하지 않다는 선고와 함께
운전병 복무 명령을 받았다. 1944년 10월에는 휴가를 받았는데,
사무실이 폭격을 당했기 때문이다. 1945년 4월 1일에는
카를스루에 인근 야전병원에서 흉부와 고관절 부상으로 치료를 받았다.
1945년 4월 28일, 연합군 폭격으로 여권이 불타버렸다.
1945년 7월 18일, 할아버지는 미군 작전 지구에서 살고 있었고,
그곳에서 공식적으로 병역이 해제됐다. 1946년에는 카를스루에에서
잡석들을 치우고 있었다.

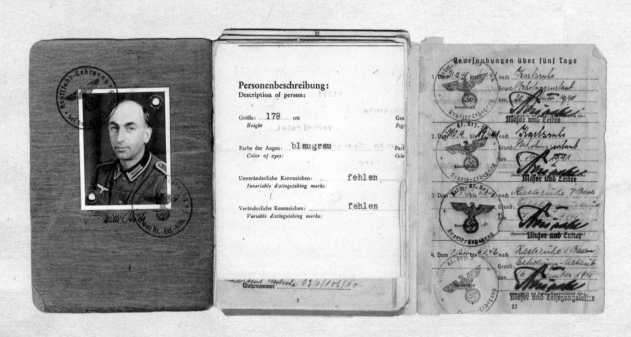

코노커는 1944년 11월 3일 캐나다군에 의해 해방되었다.
수첩에 적힌 날짜들이 사실이라면, 빌리 할아버지가
벨기에에서 전쟁 포로로 잡혀 있었을 가능성은 없다.

"안됐지만 나도 너한테 이야기해준 것 이상은 몰라." 카린 이모는 말한다.
"내가 늘 고민했던 문제는 아빠와 절대 정서적으로 가까워질 수가 없다는 거였어.

1942년 11월 20일

1944년 10월

그래서 종종 싸우기도 했지. 아빠와 난 자주 다퉜어. 난 매일 밤 저녁식사 때마다
무릎으로 아빠를 밀면서 자리다툼을 하곤 했어. 이제 와서 생각해보면,

1945년 4월 1일

1945년 4월 28일

아빠가 그렇게 서먹서먹하게 느껴졌던 건 어쩌면 아빠가 무시무시한 일들을 겪었고
그 일들을 속으로 감춰서 처리하려고 했기 때문이 아닐까 싶어.

1945년 7월 18일

1946년

아빠가 아직 살아 있다면 더 많은 질문들을 해볼 텐데. 아빠가 왜 그렇게
속을 털어놓지 않았는지 알고 싶거든. 하지만 이젠 너무 늦었어."

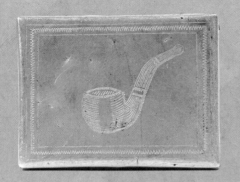

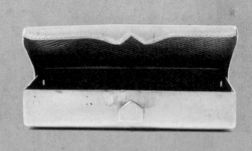

a. 전쟁 포로가 추락한 비행기 철판으로 만든 담배 상자: 5유로

b. 스탈린그라드 전쟁 포로 수용소에 9월 14일에 도착한다고 표시해놓은 군인 달력: 3유로

c. 국제적십자회에서 전쟁 포로에게 보낸 엽서: 0.20유로

"친척들이 한동안 당신에게서 아무 소식도 듣지 못해 연락을 고대하고 있습니다."

DÉPOT DE PRISONNIERS DE GUERRE
Kriegsgefangenenlager

Date : 5.X.1946
Datum

la priant de vous transmettre le message suivant :

MESSAGE ; Ihre Angehörigen sind seit längerer Zeit ohne ein Lebenszeichen von Ihnen und wünschen sehnlichst Nachrichten zu erhalten.

Date : 4.9.46

Prière de répondre à l'AGENCE CENTRALE DES PRISONNIERS DE GUERRE à GENÈVE, en utilisant la carte ci-dessous. Cependant si vous le désirez, vous pouvez écrire aussi directement à la personne sus-indiquée.

d. 전쟁 포로가 보낸 엽서: 0.20유로

"당신이 내 생각을 하고 편지도 더 자주 써줄 줄 알았는데… 내 체중은 여전히 표준보다 17킬로 모자라."

Liebe Ludi! Zu D...
...nen ausführlichen...
Mutter schreib, le...
...nken u. schreiben...
...genswittel schre...
...ntergewicht. Von...
...übe bitte S. Ub. Eltern v. mir. Dir selbst nochm. herzl. Glückwünsche u. innige Grüße D. Werner

7.
조금 더
가까이

어린 시절 퀼스하임 가장 가까이까지 가보는 때는 가끔 아빠와 함께 할아버지 할머니의 무덤을 찾을 때였다. 부모님이 지금도 살고 계시는 카를스루에에서 한 시간 반 정도 걸리는 퀼스하임 외곽에 무덤이 있었기 때문이다. 하루는 아빠가 퀼스하임 초입에 차를 세우더니 나와 오빠를 보며 말했다.

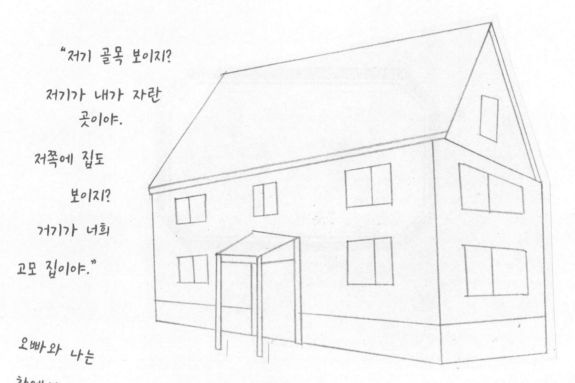

"저기 골목 보이지?

저기가 내가 자란 곳이야.

저쪽에 집도 보이지?

거기가 너희 고모 집이야."

오빠와 나는 차에서 내려 낯선 동네로 들어갔다. 우리는 살금살금 보도 위를 걸었다. 그렇게 하면 불운이 달아나기라도 할 것처럼. 안네마리 고모 집 앞까지 갔을 때 문이 열리더니 젊은 여자 하나가 나왔다. 나는 호기심에 차서 쳐다봤지만 여자는 무심한 눈길로 나를 보고 있었다. 고모에게 딸 하나와 아들 하나가 있다는 것은 알고 있었다. 아이 때 이후로는 아빠도 본 적이 없다고 했다. 사촌이 앞에 서 있는데 나는 이름조차 몰랐다. 우리는 허둥지둥 차로 돌아와 우리 가족이 몇 세대에 걸쳐 살아왔던 동네를 떠났다.

"뭐라도 말해줄 수 있는 사람은 안네마리 누나밖에 없어." 내가 삼촌에 대해 물을 때마다 아빠는 이렇게 말했다. "사진들도 거의 다 누나가 가지고 있고."

나는 아빠에게 왜 안네마리 고모와 사이가 틀어졌는지 물었다.
"나한테 못되게 굴었으니까." 아빠가 괴로움을 감출 때 내는,
뭔가 긁히는 소리 같은 목소리로 말했다.
그리고 대화 주제를 바꾸자고 했다.
아빠가 받은 깊은 상처가 느껴졌다.

수 년 동안 나는 안네마리 고모와 만날 수 있는 방법을 머릿속으로 상상했다.

설문 조사를   구실로
고모네 초인종을   눌러볼까.
쿨스하임의   역사에 대한
다큐멘터리를   제작하러 왔다고
해볼까.   아니면 소식
끊긴 조카가   바로 나인데,
돌아가신   고모 동생에
대해 궁금한   게 끝도 없이
많다고 그냥   사실대로
말해버릴까,   삼촌의 죽음은
우리 모두의   역사를 이루는
한 조각   이라면서.

그러나 나는 쿨스하임으로 돌아가 고모네 집 초인종을 누르지 못했다.

30여 년의 세월이 흐른 지금, 안네마리 고모는 팔십 대가 되었다.
내가 그간의 침묵을 깨지 않으면 프란츠-카를 삼촌에 대한 기억은 고모와 함께
사라져버릴 것이다. 삼촌의 기억이 다 묻혀 사라지면 나는 나의 역사의 의미를
어떻게 이해할 수 있단 말인가?

나는 고모의 아들인 미카엘이 운영하는 동물병원 웹사이트에서

이메일 주소를 알아내, 그에게 메일을 보냈다. 다음 날 답장이 왔다.

미카엘은 내 연락을 받고 깜짝 놀랐다고 했다. 그는 나의 존재조차 모르고 있었다.

아빠에 대해서는 설탕과 오트밀을 섞은 으깬 바나나를 먹여주던 삼촌으로

선명한 기억을 간직하고 있고, 그 음식도 여전히 좋아한다고 했다.

고모네 가족끼리 종종 아빠 이야기를 했는데 연락해볼 용기는 내지 못했다며,

편견 없는 새로운 세대의 만남에

찬성한다고 했다.

나는 하늘로 날아오를 것 같은

기분이 됐다.

퀼스하임으로 가볼 계획이라고 말하면 아빠가 놀랄 줄 알았는데,
아빠는 놀라기는커녕 차를 태워주겠다고 한다.

아빠의 옛 뿌리가 가까워지자, 나는 창문을 내려
여름 공기를 들이마신다. 이제 아빠와 나,
그리고 차창 밖을 스치고 지나가는 들판에서 들려오는 메뚜기 울음소리뿐이다.

"아빠는 독일의 과거에 대해 죄책감을 느끼면서 자랐어요?
"아니. 그냥 끔찍했어. 사람들이 서로에게 이런 짓까지 저지를 수 있구나 싶어서." 내가 묻는다.

"퀼스하임에 유대인들의 역사가 있다는 건 언제 처음 아셨어요?
"실은 네가 물어보기 시작했을 때에야 알았어."

"할머니한테 퀼스하임의 유대인들 이야기 들은 적 없으세요?
"딱 한 번. 전쟁 전 농장을 돌아다니며 말들을 사던
유대인 이야기를 해준 적이 있어. 그 유대인이 농부들을 속여서
말을 헐값에 팔게 한다고 사람들이 그런다고.
유대인 묘지에서 놀지 말라는 얘기도 했지. 이유는 알 수 없었지만."

아빠는 마치 이런 기억들에 대해 처음으로 이야기하는 것처럼
단어 하나하나를 신중하게 고른다.

"마을 유대인들에게 어떤 일이 있었는지 이야기해주는 사람이 아무도 없었어요?
아빠는 거의 기계적인 어조로 대답한다.
"퀼스하임에는 유대인들에 대한 기억은 없었어."

기억 보관자의 스크랩북에서

벼룩시장 발견물 No. 4 : 제거

a. 연합국 측에서 보라색으로 "독일을 더럽힌 자"라는 문구를 찍어놓은 아돌프 히틀러 우표

(가짜일 수도 있음): 4유로

b. 연합국이 스바스티카를 검열, 제거한 저축은행 계좌: 0.20유로

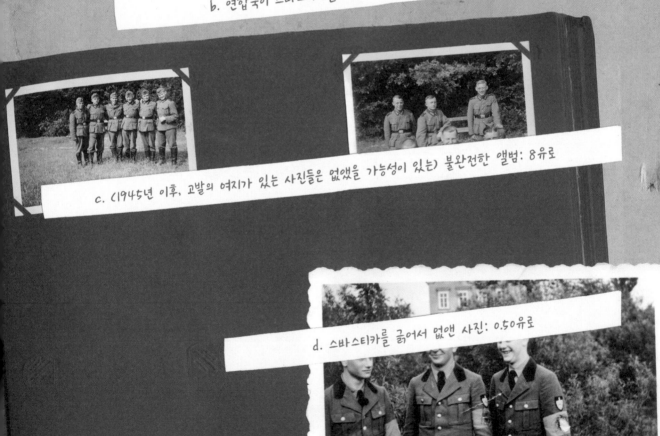

c. (1945년 이후, 고발의 여지가 있는 사진들은 없앴을 가능성이 있는) 불완전한 앨범: 8유로

d. 스바스티카를 긁어서 없앤 사진: 0.50유로

우리는 마을과 마을을 지나고, 분홍 제라늄 화분들을 내건
새하얀 회반죽 집들을 지나고, 수세기 전부터 있었지만
현대적으로 보이는 텅 빈 광장들을 지나 달린다.

벵크하임—여기서는 은퇴한 돼지 농장주가 신축 시너고그 안내원을 자청했는데,
마을 사람들이 속죄하는 의미로 근처 숲에서 벤 나무로 시너고그의 새 바닥을 만들었다고
했다—을 지나고, 위시히하임—이 마을의 중심가는 퀼스하임의 유대인들을 죽였던 중세 기사의
이름을 따서 리터 아르놀트라고 이름 붙여졌는데, 그 기사의 비석은 수백 년 동안 이어진
숭배의 손길에 반질반질하게 닳은 채〈비석의 가루는 한때 병든 가축의 치료약으로 쓰였다〉
아직도 마을 교회에 전시되어 있다—을 지나 달린다.

"아빠는 왜 할머니한테 전쟁에 대해 안 물어보셨어요?" 나는 아빠에게 묻는다.
"몰라." 가속 페달 위에 놓인 아빠의 발이 떨리고 있다.
"전혀 묻지 않았다는 게 좀 이상하다는 생각 안 드세요?"
"난 전쟁과 아무런 물리적 연관성도 느끼지 못했거든.
전쟁에 직접적인 영향을 받은 사람은 우리 식구 중 아버지와 형뿐인데,

그 두 사람 다 전혀 알 기회가 없었으니까."

우리는 버튼을 누르면 성수가 나오는 샘이 있는 동굴을 지나고,
수세기 전 유대인들이 묻혔던 오래된 묘지 이름을 따
아직도 '위데케프Jüdekäf'라 불리는 지역을 지나 달린다.

"저쪽 초록색 땅이 내가 물려받은 땅일 거야."

아빠가 이렇게 말하며 저 멀리 들판을 가리킨다.

"저긴 뭐가 있어요?"

"자두나무들. 조그만 숲도 있어."

"언젠가 가보고 싶지 않으세요?"

메뚜기 울음소리가 사라졌다.

"언젠가 가보고 싶지 않으세요?" 내가 다시 말한다.

"뭐 하러?"

"어쨌거나 아빠의 하이마트잖아요!"

"저기 자두나무 몇 그루가 내 하이마트는 아냐."

"그럼 아빠의 하이마트는 뭔데요?"

"몰라. 하이마트란 편안한 느낌이 드는 작고 한정된 공간이지."

아빠는 사전에서 인용이라도 하듯이 말한다.

"퀼스하임은 내 하이마트였어."

우리는 영원히 고통받는 예수의 모습을 새긴 중세시대 성상들이 늘어선
퀼스하임행 도로로 접어든다.

"왜 발을 떠세요?" 내가 묻는다.

"몰라."

"불안하세요?"

"어쩌면."

아니면 그냥 유전인 걸까? 할머니가 노년에 이런 식으로
손을 떨곤 했다고 아빠가 말한 적이 있었다.

8.
숲의 땅

a. 머리타래가 들어 있는 1944년 11월 26일 자 편지: 0.20유로

"파티의 흥이 극에 달했어. 철자가 틀려도 그냥 무시해. 와인을 좀 마셨거든… 우리 스물네 명 중 나 혼자 지금 편지를 쓰고 있어… 사랑하는 여보, 지금 이 순간 당신이 너무 보고 싶어… 우리 꼬맹이 볼프강은 잘 지내? 볼프강 사진을 보면 그냥 소리 내어 울고 싶어져… 아, 술기운이!"

b. 1940년 9월 17일 자 편지: 0.20유로

"우리의 런던 공격으로 인해 아마 예상보다 일찍 폭탄 세례를 받게 될 거요… 상상해봐요! 곧 전쟁이 끝나고 모든 전선에서 우리가 승리자가 되는 순간을. 온갖 부가 우리 제국으로 흘러들어와 모든 게 번창하는 순간을… 우리 둘이 그 일부를 가지지 못할 이유가 뭐가 있겠소?"

c. 말린 에델바이스: 2유로

빌리 할아버지의 사진들, 제복, 급료지급대장, 플랑드르 엽서 책자들은 할아버지의 삶에 대해서는 조금 알려주었지만 할아버지의 생각은 거의 보여주지 않았다. 나는 보다 깊이 파고 들어가 우리 가족의 과거에 대한 실마리를 더 찾아야 한다.

이제 카린 이모도 나만큼이나 이 일에 열의가 넘친다. 이모는 스위스에 살고 있는 에드빈 작은할아버지의 손녀—내가 어릴 때 딱 한 번 만난 적 있는 먼 사촌 자비네—에게 연락해서 작은할아버지가 전선에서 하루가 멀다 하고 가족들에게 보낸 편지들에 대해 물어본다.

몇 주 후 자비네의 메모와 55통의 편지들이 담긴 소포 하나가 브루클린에 도착한다.

"이 편지에 네가 찾는 것들이 있었으면 좋겠다."

그 편지들은 현대 독일인들은 거의 읽지 못하는 옛 고딕체 쥐테를린으로 쓰여 있다.

그래서 나는 아직 이 서체를 읽을 수 있는 연배의 할아버지 할머니 들이 계시는, 독일의 어느 요양원으로 에드빈 할아버지의 편지들을 보내 도움을 구한다.

그리고 다음 번 독일 방문 때 그분들을 뵈러 함부르크 교외로 간다.

우리는 커다란 창문들이 있는, 깔끔하게 정리된 공동휴게실에서 만난다.

하늘에는 회색 구름이 잔뜩 뒤덮여 있고 빗물이 창문을 따라 흘러내린다.

"어떤 편지들을 읽으니 고통스러운 기억들이 되살아나더군요."

대부분의 편지를 옮겨 적은 할아버지가 떨리는 목소리로 말한다. 그 시선은 자신의 내면을, 추위에 곱은 손가락으로 지나는 기차에서 연탄을 훔쳤던 어린 시절의 자신을 보고 있다.

연탄 도둑 할아버지가 에드빈 작은할아버지의 편지를 옮겨 적고 저장한 CD를 내게 건넨다.

CD를 컴퓨터에 넣으며, 나는 2차 대전 중 사망한 독일인에 대해 슬퍼할 권리가 없다는, 익숙한 옛 감정을 떨쳐내지 못한다. 편지를 하나하나 열며 절대 동정하지 않겠노라 결심한다. 용기와 동지애의 이야기들과 나 사이에 막을 친다. 하지만 마른 잎사귀와 꽃들로 장식하고 군사 검열로 장소명이 지워진 편지, 그가 "숲과 늪지, 스텝"의 땅이라고 묘사한 곳에서 아내에게 보낸 편지들에 담긴 것은 그저 한 사람의 감정이 차차 붕괴되어가는 과정일 뿐이다.

동부, 1944년 5월 23일 시간이 나면 나는 당신이 보내준 조그만 사진들을 봐. 볼 때마다 새롭고 매력적인 게 보여. 이 포켓앨범이 내 성소야. 당신을 볼 수 있는 유일한 곳이니까. 하지만 내 마음은 늘 당신과 함께 있어. 동부, 1944년 6월 2일 "군인이라는 게 얼마나 좋은 일인지 난 늘 생각하지"라는 노래 구절이 있어. 하지만 난 완전히 그 반대야. 나는 집에 있으면 얼마나 좋을까 늘 생각하거든. 동부, 1944년 6월 8일 당신과 헤어져 있으니 식욕도 잃었어. 벨트 구멍을 두 개나 줄여야 해. 계속 이런 식이면 병이 들고 말 거야.

동부, 1944년 6월 27일 오늘 아침에는 내 평생 가장 아름다운 일출을 봤어.

가느다란 구름 띠가 수평선에 쫙 깔리는데 마치 금이 녹아내린 것 같았어.

이 힘든 시기에 유일하게 즐거움을 주는 건 자연의 선물뿐이야. 그것마저 없다면

하찮은 우리 인간이 뭘 할 수 있겠어?

동부, 1944년 8월 11일 숨이 쉬어지지 않을 만큼 당신이 그리워.

▬▬▬, 1944년 9월 6일 올가을에는 당신을 도와 추수를 할 수 있기를 바랐는데

그 희망마저 이젠 사라지고 있어. 뭔가를 심고 보호하면서 익을 때까지 키우면

애정을 품게 되는 게 사실이잖아, 엘자? 애정 없이는 아무것도 자라날 수 없지 않아?

당신이 쓴 아이들 이야기를 읽으면 난 너무 행복해지면서 인생에 목적이 있다는

확신이 들어. 내가 여기 있는 건 사랑하는 사람을 위해서야. 당신과 나.

▬▬▬, 1944년 10월 17일 사랑하는 엘자, 편지를 조금이라도 쓸 수 있어서 다행이야.

내 뒤의 상황이 좋지 않거든. 집에 돌아간다 해도 절대 잊지 못할 거야.

날 위해 지하실에 야채절임을 해뒀다면서? 하지만 내가 과연 그걸 먹을 수 있을지는

시간이 지나봐야 알 수 있겠지. 지금 같은 상황이 계속된다면 버틸 희망이 없어.

, 1944년 10월 31일 좁은 땅덩어리 위를 휩쓸고 불어오는 바람이

뼛속까지 곧장 스며들어와 사지가 꽁꽁 얼어붙곤 해. 이 전쟁이 우리에게 바라는 건

모든 면에서 초인조차 감당할 수 없는 일이야.

, 1944년 11월 9일 당신이 너무 그리워서 병이 날 것 같아.

10월 8일에는 거의 32시간 동안 러시아군을 뒤쫓았어. 언젠가는 이 전쟁도 끝나야만 해.

지금 내가 누워 있는 이곳 지대는 폭이 겨우 3킬로밖에 안 돼. 우린

적들에게 좋은 표적이고 적들도 마찬가지야. 양쪽 다 여기서 조금도 나아갈 수 없거든.

, 1944년 11월 13일 어제는 일요일. 나는 이른 아침부터 당신 생각을 했어.

둘이서 함께 숲에 갔던 때, 숲에서 이것저것 땄던 때를 생각했지.

여기에도 근사한 버섯들이 있지만, 당신이 요리해줄 수 없는데 그게 무슨 소용일까?

자연이 차가운 얼굴을 보이기 시작하니 베리들과 버섯들도 서서히 사라지고 있어.

모든 것이 죽어가고 있어. 아니, 내면의 고요로 돌아가고 있어.

사람들도 그걸 간절히 원하고 있지만, 불행히도 이 격동의 시대에는 불가능한 일이야.

트럭이 오고 있어서 이제 그만 써야겠어.

전선에서, 1944년 12월 28일

로크 부인께,

1944년 11월 18일 소르베 반도에서 벌어진 전투 이후, 부인의 남편인 에드빈 로크 일병이 중대로 복귀하지 않았으며 현재까지 실종 상태라는 안타까운 소식을 전합니다.

남편 분의 행방을 찾기 위해 즉각 수색이 이루어졌으나 현재까지 성과가 없으며, 중대 전우들에게도 탐문을 해봤지만 어떤 정보도 얻지 못했습니다. 중대에서는 남편 분의 운명에 대한 정보를 입수하는 대로 즉시 부인께 알려드리겠습니다. 로크 일병이 자신의 하이마트의 자유를 수호하기 위한 투쟁에 헌신했다는 사실을 상기하시며 이 고통을 견뎌나갈 힘을 얻으시기 바랍니다.

하일 히틀러!
중대장

결국 감정이 북받쳐 올랐다.
처음으로 가족을 잃은 상실감이 느껴졌다.

그리고 이 상실감을 통해
나는 나와 빌리 할아버지 사이의 거리가 조금씩 가까워지는 걸 느꼈다.

전쟁이 끝난 후 빌리 할아버지는 매일 저녁 적십자 발표를 들었다. 하지만 동생의 이름은 끝내 불리지 않았고, 빌리 할아버지는 실종 신고를 했다.

남편이 사망했다고 신고했다면 엘자 할머니는 전쟁미망인 연금을 받았을 것이다. 하지만 작은할머니는 결코 그렇게 하지 않았다. 재혼도 하지 않았다.

…내일 다시 찾아오겠습니다.

저기, 독일군 아내다!

에드빈이 태어난 지 100년째 되던 해인 2009년, 그의 손주들은 독일 적십자사에서 편지 한 통을 받았다.

로크 씨께,

에드빈 로크 씨는 오랜 세월 동안 저희 적십자사에 2차 대전 실종 군인으로 기록되어 있었습니다. 지금까지 광범위한 탐색 작업을 벌였지만 안타깝게도 어떤 결과도 얻지 못했습니다. 1990년대 초반 저희는 과거 소비에트 연방의 기록보관소를 검토하기 시작했고… 매년 2만 명에 달하는 실종자들의 운명을 밝혀낼 수 있었습니다…

저희는 모든 가능성이 사라질 때까지 에드빈 로크 씨를 찾기 위한 탐색 작업을 계속해나갈 것입니다…

9.
녹아내리는
얼음

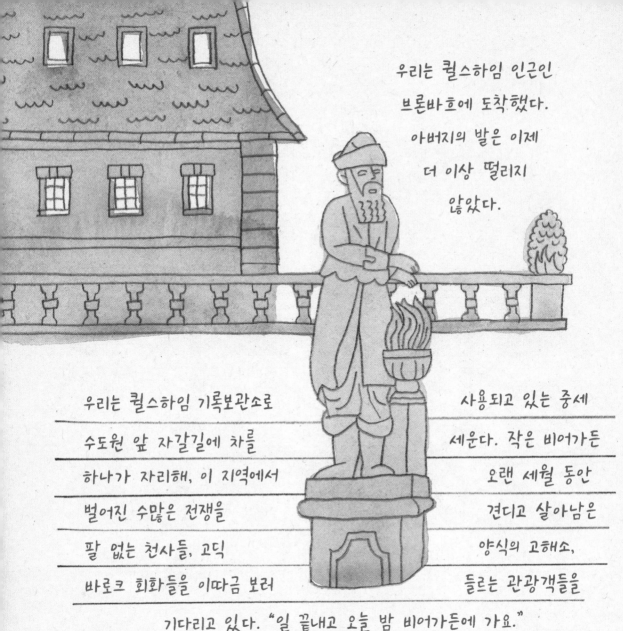

우리는 퀼스하임 인근인
브론바흐에 도착했다.
아버지의 발은 이제
더 이상 떨리지
않았다.

우리는 퀼스하임 기록보관소로 사용되고 있는 중세
수도원 앞 자갈길에 차를 세운다. 작은 비어가든
하나가 자리해, 이 지역에서 오랜 세월 동안
벌어진 수많은 전쟁을 견디고 살아남은
팔 없는 천사들, 고딕 양식의 고해소,
바로크 회화들을 이따금 보러 들르는 관광객들을
기다리고 있다. "일 끝내고 오늘 밤 비어가든에 가요."
나는 이렇게 말하며 차에서 내린다.
"그러자, 네가 그러고 싶으면."
그러고 아버지는 차를 몰고 사라진다.
아버지는 어린 시절 친구들 중
유일하게 아직도 연락하고 지내는,
근처 마을 동창 집에 묵을 예정이다.

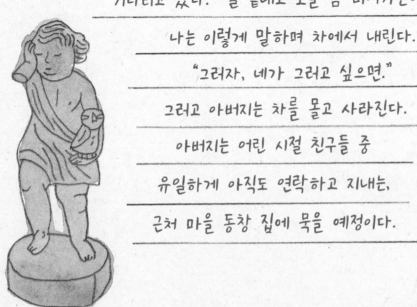

Fragebogen zur Dokumentation der Judenschicksale

Gemeinde: K ü l s h e i m   Kreis: Tauberbischofsheim

발신: 퀼스하임 시장 수신: 슈투트가르트 기록보관소 소장, 1963/10/04

내용: 유대인들의 운명 관련 문서

유대인들의 운명에 대한 설문지 완성본을 첨부합니다. 타당한 작성을 위해
다수의 마을 고령자 분들을 만나 인터뷰했습니다.

4. Spielten die Juden im öffentlichen Leben der Gemeinde vor 1933 eine Rolle (als Gemeinderat, Bürgermeister, Gemeindebedienstete, Mitglieder politischer Parteien, Mitglieder von Vereinen usw.)?

Samuel Scheuer war von 1933 als Gemeinderat tätig.

16번. 마을 유대인들과 기독교인들의 관계는 어떠했습니까?

정상적이었습니다.

a) eigene Schulen (welche)?   nein

17번. 나치 선전은 유대인들과 기독교인들의 관계에 어떤 영향을 미쳤습니까?

사람들은 선전에 별 관심이 없었고 유대인들에게서 계속 많은 물건을 구매했습니다.

20번. 유대인들은 어떤 식으로 공격당했습니까?

유대인들은 6주가량 가택연금을 당했고, 물품 구매를 위해 정해진 시간에만
집 밖으로 나올 수 있었습니다.

g) ein Krankenhaus?   nein

21번. 1933년 4월 1일 유대인 사업체 공식 불매운동이 선동되어 벌어졌습니까?

아뇨.

i) ein Waisenhaus?   nein

23번. 1938년 '깨진 유리의 밤'의 결과로 유대인들이 공격당했습니까?

아뇨.

6. Sind Stiftungen von Juden zu allgemeinen karitativen Zwecken, zur Förderung von Kunst und Wissenschaft bekannt?   nein

34. Welche Einwohner der Gemeinde standen mit Juden in geschäftlicher Verbindung?

29번. 유대인들로부터 물건을 구매하는 사람들, 유대인들을 보호해준 사람들,
독단적 행동에 항의하는 사람들에 대한 간섭이 있었습니까?

아뇨.

35 Welche Einwohner waren bei Juden beschäftigt? Welche von ihnen leben noch?

30번. 전쟁 후, 유대인 공격과 재산 파괴에 가담한 국가사회주의자들에 대해
기소가 이루어졌습니까?

아뇨.

36. Wie lange durften Nichtjuden in Haushalten und Betrieben von Juden arbeiten?

seit ca 1930 waren keine Nichtjuden mehr bei Juden im Haushalt beschäftigt

38번. 동료 학생들은 유대인 학생들을 어떻게 대했습니까?

잘 대해줬습니다.

hier

gut

39. Wurden in der Gemeinde zu Anfang des Krieges die Juden in besondere Judenhäuser umquartiert bzw. zusammengelegt?

ja

41번. 강제이송은 어떻게 이루어졌습니까?

사람들을 무개화차에 실어 알지 못할 곳으로 데려갔습니다.

41. Wie gingen die Deportationen vor sich?

Die Leuten wurden auf einen Lastwagen aufgeladen und weggefahren nach unbekannt.

48번. 시너고그가 있습니까?

아뇨. 시너고그는 1940년 1월 12일 권력자들에 의해 한 이웃에게 팔렸습니다. 농부였던 그는 그 건물을 농기구 창고로 사용했습니다. 1944년 헛간에 누전이 발생하여 화재가 났고, 헛간과 시너고그가 불탔습니다. 보험회사는 손해배상 청구를 받아들였습니다.

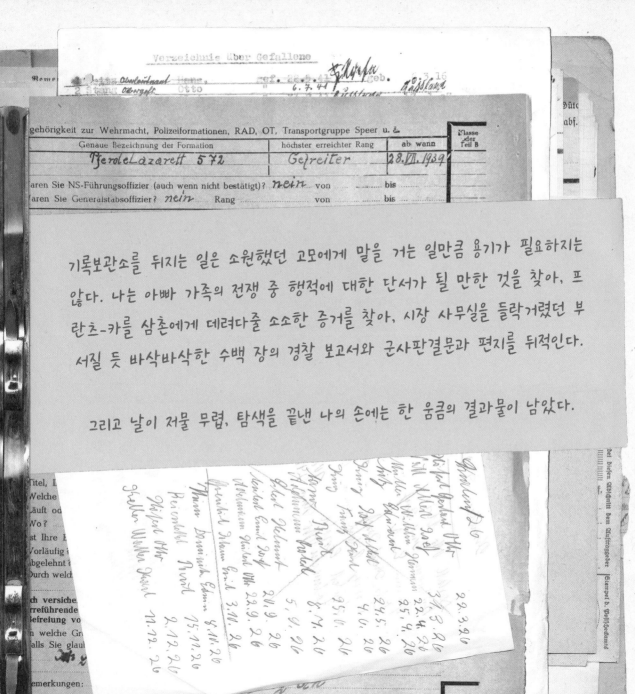

gehörigkeit zur Wehrmacht, Polizeiformationen, RAD, OT, Transportgruppe Speer u. &

Genaue Bezeichnung der Formation	höchster erreichter Rang	ab wann	Klasse der Teil B
Tirole Lazarett 572	Gefreiter	28. VII. 1939	

aren Sie NS-Führungsoffizier (auch wenn nicht bestätigt)? *nein* von _____ bis _____
aren Sie Generalstabsoffizier? *nein* Rang _____ von _____ bis _____

기록보관소를 뒤지는 일은 소원했던 고모에게 말을 거는 일만큼 용기가 필요하지는 않다. 나는 아빠 가족의 전쟁 중 행적에 대한 단서가 될 만한 것을 찾아, 프란츠-카를 삼촌에게 데려다줄 소소한 증거를 찾아, 시장 사무실을 들락거렸던 부서질 듯 바삭바삭한 수백 장의 경찰 보고서와 군사판결문과 편지를 뒤적인다.

그리고 날이 저물 무렵, 탐색을 끝낸 나의 손에는 한 움큼의 결과물이 남았다.

Külsheim 28. April 46   Unterschrift: *Krug*   *Alois Franz*
          Datum   Name   Vorname

A. 1939년 알로이스 할아버지가 군 소속 말 병원에서 퀼스하임의 나치당에 보낸 크리스마스카드.

> 보내주신 물건 감사히 받았습니다.
> 독일식 인사를 보내며
> **하일 히틀러**
> 알로이스 크루크 일병

B. 1939년 경찰 보고서에 실린 대화 내용. 하인리히 증조할아버지가 "Rose" 댄스홀에서 '독일노동전선'이 사육제 행사를 하는 동안, 평상시 가격인 20페니히 대신 25 Pfg.를 받고 맥주를 팔았다고 고발당했다.

하인리히 가이어 진술: 허용치라니까! 가게 의자도 하나 부서졌어요. 난 뭐 공짜로 일해요? 게다가 악사 9명한테도 죄다 간식을 줬다고요. 이것저것 제하고 나면 남는 게 뭐 있는 줄 알아요?

건방지고 예의 없는 태도의 피고인을 조사하고 있는데, 그의 아내가 나타나 소리를 질렀다.

우리 경찰이랑 아무 볼 일 없어요! 이건 말도 안 된다고요! 조서에 절대 서명하지 말아요.

고발 건은 지방검사에 의해 무혐의 처리되었다.

D. 1924년에서 1929년 사이 퀼스하임에서 태어난 남자아이들의 Hitler 청소년단 가입 여부를 확인하기 위해 목록표를 작성하라는 1941년 내무부의 요청을 받고 시장이 자필로 쓴 답장. 프란츠-카를 삼촌의 이름이 올라가 있음.

농부였고 오늘날 저 땅을 경작하고 있었을 우리 오빠가 지난 세계대전 때 죽은 게 사실 우리 잘못은 아니잖아요. 저 땅을 경작하려면 오빠 대신 동생이 클 때까지 기다려야 한다고요.

E. 1940년 퀼스하임의 "전사자" 목록. 프란츠-카를 삼촌의 사망지가 러시아로 잘못 기재되어 있음.

F. 군사 훈련장 용도로 국가가 농지를 강제 매수한다는 관청의 요구에, 안네마리 고모가 1961년에 쓴 편지. 고모는 땅을 파는 데는 동의하지만 실 경작자와 동일한 보상금을 요구하고 있다.

고모의 상실감이 생생하게 드러나 있다. 잠시 동안 고모가 가깝게 느껴진다.

H☉ffmann   Kp.Gefechtsstand,22.VII.44
S S Sturf.u.Kp.Chef
Fp.Nr.38030 C

> G. 프란츠-카를 삼촌이 이탈리아에서 사망했을 때
> 할아버지 할머니가 받은 편지 사본.

Sehr geehrter Herr Krug !

Als Kompanie-Chef Jhres Sohnes,des SS-Ober-Grenadiers Franz Karl
Krug,geb. 4.6.26 habe ich die traurige Pflicht Sie von seinem
Heldentod in Kenntnis zu setzen.

Jhr Sohn wurde bei der Abwehr eines feindlichen Angriffes bei
Fauglin (Jtalien), in vordester Linie der Kompanie durch einen
Brustschuß tödlich getroffen.

Jn seinem Frische und ~~~~~~~
seinen ~~~~~
Als SS ~~~~~
letzter ~~~~~

Auf Jhr~~~~
stolz s~~~~
Linderu~~~~
Jch grü~~~~
die den~~~~
wird.

크루크 씨에게!

1926년 6월 4일생 SS 선임보병 프란츠-카를 크루크의 중대 지휘관으로서
귀하의 아드님이 영웅적으로 전사했다는 안타까운 소식을 전합니다.

아드님은 파우글리아(이탈리아) 근처에서 중대의 선봉에서 적의 공격에
맞서다가 가슴에 총탄을 맞고 전사했습니다.

크루크 보병은 활력과 저돌적인 젊음이 넘쳐 많은 전우들에게 사랑을
받았습니다. 크루크 보병은 군인이자 SS의 일원으로서 무기를 손에서 놓지
않고 최후의 순간까지 싸웠습니다.

두 분께서는 부디 아드님을 자랑스럽게 여기시기 바랍니다. 그의 삶과
영웅적 죽음이 이 커다란 고통에 조그만 위안이 되기를 바랍니다.
SS 선임보병 프란츠-카를 크루크의 기억을 영원토록 간직할 저희 중대의
이름으로 아드님을 추모합니다.

하일 히틀러!

SS 돌격대장 호프만 올림

Die Ub~~~~
der Ur~~~~

친절한 만큼 잔인한 편지.

편지가 전하는 그 소식이 내 가슴 깊은 곳을 찔러온다.

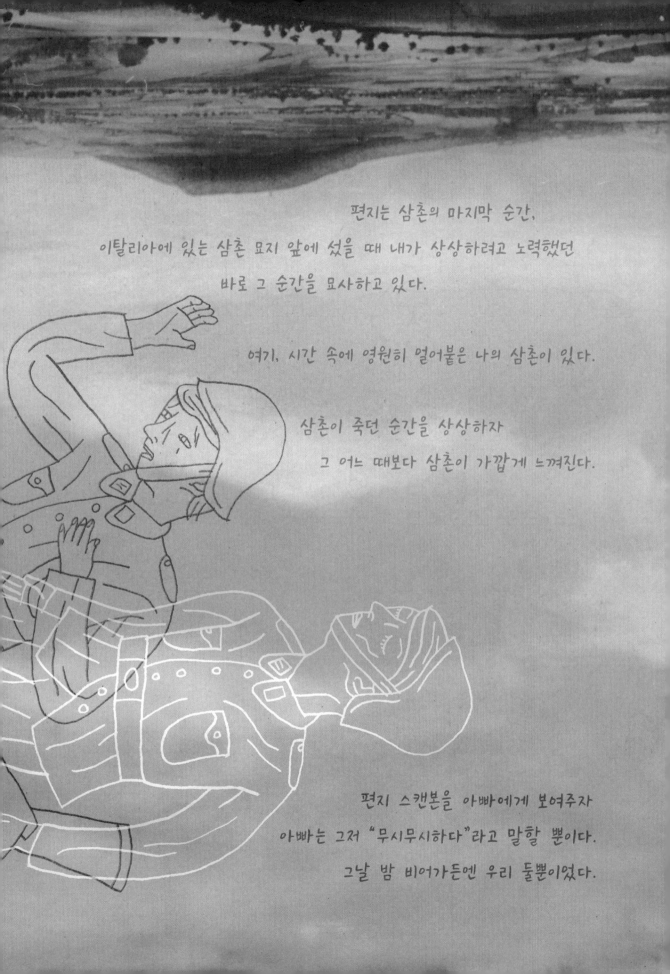

편지는 삼촌의 마지막 순간,
이탈리아에 있는 삼촌 묘지 앞에 섰을 때 내가 상상하려고 노력했던
바로 그 순간을 묘사하고 있다.

여기, 시간 속에 영원히 얼어붙은 나의 삼촌이 있다.

삼촌이 죽던 순간을 상상하자
그 어느 때보다 삼촌이 가깝게 느껴진다.

편지 스캔본을 아빠에게 보여주자
아빠는 그저 "무시무시하다"라고 말할 뿐이다.
그날 밤 비어가든엔 우리 둘뿐이었다.

그 편지가 왔던 날 아빠의 사촌인 에밀리아 고모가 그 자리에 있었다.

"난 너희 할아버지 농장에서 안네마리와 함께 있었어. 알로이스 이모부는 마당을 서성거리고 있었고.

어쩔 줄 몰라 심란해하는 모습이었지. 손으로 뺨을 감싸 쥐고 있었어.

몇 년 전, 수십 년의 침묵을 깨고 갑자기 에밀리아 고모가 (미군과 사랑에 빠져 이주한) 아이오와주 본듀런트에서 전화를 걸어왔다.

"무슨 일 있어요?" 내가 물었어. "이가 아파요?"

이모부는 그냥 서서 아무 말 없이 먼 곳을 바라보기만 했어.

기록보관소를 방문하고 몇 주 후, 나는 고모에게 전화를 걸어 혹시 기억나는 게 있느냐고 물었다.

그러더니 집 안으로 들어가서 마리아 이모에게 아들이 죽었다는 거야.

마리아 이모는 통곡을 하며 바닥에 쓰러졌지."

고모의 이야기 속에서, 녹아내리는 얼음덩어리 사이로 과거가 모습을 드러낸다.

"나중에 마리아 이모가 말하길, 왠지 불길한 예감이 들었다는 거야."
에밀리아 고모가 말했다. "꿈에 아들이 나왔는데 자기가 죽었다고 말하더래."

10.
흔적을
찾아서

기억 보관자의 스크랩북에서

벼룩시장 발견물 No.6 : 여가 시간의 군인들

사진들: 장당 0.50유로-1유로

"빌리 할아버지는 절대 가해자는 아니었을 거야." 그다음 카를스루에에 갔을 때 엄마가 말한다. 우리는 부엌에 있고 엄마는 무쇠 팬에 달걀과 프라이드 포테이토, 슈바르츠발트 베이컨을 요리하고 있다. 엄마에게 할아버지 이야기를 물어본 것은 20년도 더 된 일이었다.

"네 할아버진 정치 법이 없었어. '정치 갈등은 피하는 게 온화한 분이셨어. 그런 일은 절대 엄마는 앞치마에

빌리와 카린, 1941년

얘기에 열을 올리는 는 더러운 일'이라며 좋다고 했지. 아버진 우리를 때린다거나 하지 않았어." 손을 닦는다.

"전쟁 때 일을 대놓고 물어봤을 땐 뭐라고 하셨어요?" 내가 묻는다. "아버지는 총을 쥐어본 일도 없다고 했어. 나는 할아버지 할머니한테 정치에 무관심하다니 있을 수 없는 일이라고, 왜 레지스탕스에 들어가지 않았느냐고 물었지. 어린 자식도 있는데 그건 너무 위험한 일이었을 거라고 하시더라. 그래도 만약 두 분이 나치 지지자였다면, 나중에도 나치 정권을 덜 부정적으로 보이게 하려고 분명 애썼을 거야. 두 분 말이 사실인지 아닌지 확인해볼 필요가 있겠다는 생각은 전혀 들지 않았어."

내게 엄마의 말보다 더 확실한 증거가 필요한 것은, 어쩌면 할아버지 할머니에게 직접 물어볼 기회가 없었기 때문인지도 모르겠다.

카를스루에 기록보관소에 가서 빌리 할아버지의 미군 파일을 확인해보라고
제안한 사람은 엄마다. 미군 파일은 독일인들의 전시 행적에 대한 정보 파일로,
얼마 전 공개되어 일반인들도 열람 가능한 상태였다.

누구나 가족의 파일을 요청할 수 있다.
엄마는 지역 신문에서 그 기사를 접했다.

최근 쇼핑센터 신축 작업 중
2차 세계대전 당시 불발탄이 발견되는 바람에
기록보관소까지는 한참 돌아서 가야 한다.

나는 자전거를 타고 나치가 햇불을 들고 행진했던 그 거리를 따라갔다. 음베케가 내게 들려준 이야기를 위해 수천 명이 모였던 광장에서 우회전을 한 뒤, 나치에 저항하다 숨진 공산주의자와 사회민주당원 —히틀러에 반대한 좌파정당 당원들—이 경찰서 본부로 끌려가 고문당한 곳이다. 그들은 이후 근처의 키슬라우 강제수용소로 옮겨졌다.

루트비히 마룸

수용소에 도착한 포로들

아돌프 히틀러가 정권을 잡은 지 몇 개월밖에 지나지 않은 1933년 5월 그날, 거리에는 사람들이 가득했다. 당원들이 군중을 비집고 들어가 슈베르트의 가곡 〈방랑〉을 나눠줬다. "물방앗간 청년의 즐거움은 방랑." 체포된 "죄 지은 악당들"도 알 수 없는 곳으로 방랑하듯 떠나게 될 것이었기 때문이다. 확신에 찬 군중은 브라스밴드의 연주에 맞춰 목청을 높였다.

체포된 사람들 중 유대인 변호사 루트비히 마룸은 수용소에서 아내에게 편지를 써 보냈다. "난 팔레스타인은 선택하지 않을 거요. 유산을 부정한 적은 없지만, 유대주의에 심적으로 유대감을 느끼지는 않으니까. 내 하이마트는 독일이고 난 그걸 고수할 생각이오."
약 6개월 후 마룸은 나치 지역당의 수장인 로베르트 바그너의 명령에 의해 자신의 감방에서 교살되었다. "우울증 발작으로 인한 자살."
마을 묘지에 그의 시신이 뉘였을 때 수많은 남녀가 조의를 표하러 왔다.
장례식에 참석한 인원은 수천 명이었다.

빌리 할아버지도 그 퍼레이드에 참가했을까? 아니면 그 장례식에 참석했을까?
할아버지는 엄마에게 당신은 늘 사회민주주의당에 투표했다고 말했다.

1933년 3월, 지역 선거 결과 (투표율 88%)

빌리 할아버지도 사회민주주의당에 투표한 17,886명 중 한 사람이었을까?

그다음 치러진 1938년 선거에서, 지역 나치당은 마을 주민 100명 중
99.53명이 아돌프 히틀러에게 투표했다고 발표했다.
빌리 할아버지가 거기 속하지 않았을 가능성은 얼마나 될까?

"저희 할아버지에 관한 미군 파일을 찾는데요." 희귀유전병 검사를 받으러 병원에 온 기분이다. "파일을 보러 오시는 분들이 많아요." 기록보관소 담당자가 나를 안심시킨다.

미군은 "국가사회주의와 군국주의로부터 독일을 해방"시키기 위해 미군 점령지에 거주하는 모든 성인에게 나치 정권 치하에서의 정치 관여도를 평가하는 설문지를 배포했다. 설문지에 근거하자면 1,300만 독일인들은 기소 목적을 위한 다섯 개의 등급으로 나뉘어 1.9%는 무혐의자, 51.1%는 동조자, 11.2%는 경미부역자, 2.5%는 부역자와 중대부역자로 분류되었다. 총 고발 건 중 33%는 무혐의 처리되었다.

기록보관소 담당자의 손가락이 키보드에 '빌리'라는 이름을 친다. "저도 얼마 전 우리 할아버지 파일을 뽑아봤는데 나치 친위대 소속이셨어요." 짧았던 안도감이 사라진다.

할아버지의 이름이 X-레이 사진에 나타난 놀라운 발견처럼 스크린에 떠오른다. "신청자 분 할아버지 파일이 있네요. 보실 수 있게 준비가 되면 알려드릴게요." 발견된 것이 악성인지 아닌지 확인하려면 기다리는 수밖에 없다.

옆쪽 열람실에는 1890년부터 1946년까지 사용된 카를스루에 전화번호부가 나란히 꽂혀 있다. 이 종이 묘지에 묻힌 몇몇 남녀들과 나는 피로 연결되어 있다. 이 전화번호부에 실린 이름들 중에는 할아버지의 친구들과 이웃들, 동료들도 있다. 그중 한 사람은 할아버지의 유대인 고용주였다. 하지만 1930년도 전화번호부의 "혼수품" 항목에는 리넨 상인들의 이름이 너무 많아서 찾을 수가 없다.

Gauleiter Robert Wagner M.d.R.
Reichsstatthalter von Baden

1933년도 전화번호부를 펼치자, 오랫동안 총통의 충실한 협력자였던 나치 지역당 수장인 로베르트 바그너의 사진이 나온다. 빌리 할아버지도 분명 이 전화번호부를 가지고 있었을 것이다. 그리고 지금 내가 보고 있는 이 찡그린 얼굴을 보았을 것이다.

처음으로 할아버지의 주소와 함께 전화번호가 실려 있다. 과거와의 직접 연결을 보장하는 **3935** 단순한 네 개의 숫자. 지금 이 번호로 전화를 걸면 어떻게 될까? 나는 할아버지의 목소리를 알아들을 수 있을까?

나는 기록보관소의 희미한 컴퓨터 스크린으로 1933년에서 1945년 사이 카를스
루에에서 찍힌 800장이 넘는 사진들을 본다. 아돌프 히틀러의 생일을 축하하는
사람들 사이에서, 차를 타고 지나는 총통에게 경례를 하려고 기다리는 사람들
사이에서, 유대인 가게 불매운동을 지지하기 위해 모인 사람들 사이에서,
빌리 할아버지의 홀쭉한 몸, 구부정한 어깨, 매부리코를 찾는다.

"물방앗간 청년의 즐거움은 방랑"을 외쳐 부르는 군중들 사이에서
빌리 할아버지가 고개를 돌리고 나를 바라봐주기를 기다린다.
그러나 할아버지의 흔적은 어디에도 없다.

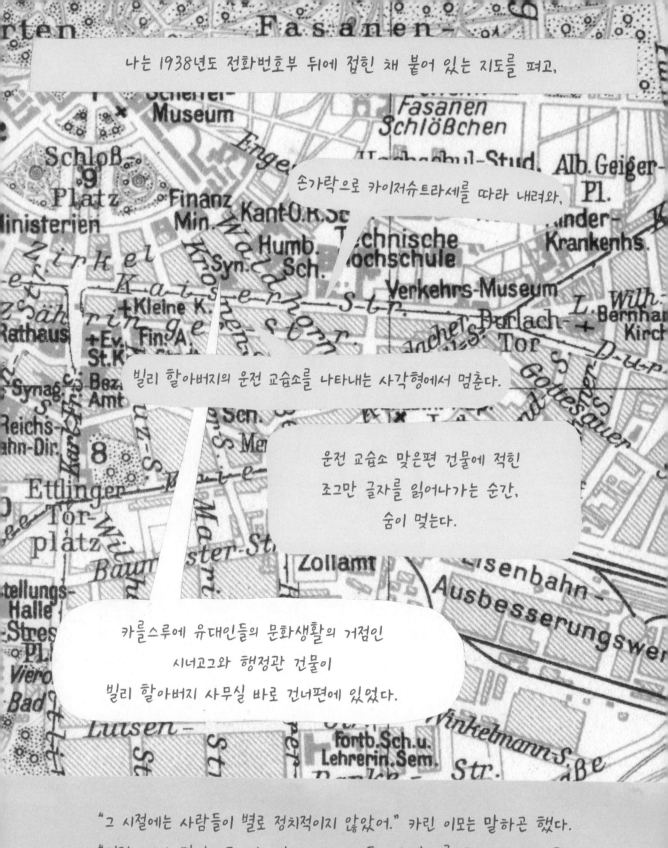

나는 1938년도 전화번호부 뒤에 접힌 채 붙어 있는 지도를 펴고,

손가락으로 카이저슈트라세를 따라 내려와,

빌리 할아버지의 운전 교습소를 나타내는 사각형에서 멈춘다.

운전 교습소 맞은편 건물에 적힌
조그만 글자를 읽어나가는 순간,
숨이 멎는다.

카를스루에 유대인들의 문화생활의 거점인
시너고그와 행정관 건물이
빌리 할아버지 사무실 바로 건너편에 있었다.

"그 시절에는 사람들이 별로 정치적이지 않았어." 카린 이모는 말하곤 했다.
"걱정거리가 많았거든. 당시만 해도 여자들이 손빨래를 했다고! 남자들은
식구들 먹여 살릴 걱정에 바빴고. 아마 아버지는 신문도 안 읽었을 거야."

Der Führer

카를스루에 지역 나치 신문 〈총통〉, 1938년 11월 10일자 기사에서

"독일 외교관… 폰 라스가 흉악한 유대인의 습격으로 중상을 입었다는 소식이… 알려지자, 지난날의 분노가 끓어오르면서 자발적 시위가 벌어졌다… 어제 오전 사이 다수의 유대인들이 체포되어 경찰서로 끌려갔고, 분노한 군중들은 아돌프 히틀러 광장 주변 거리를 가득 매운 채 환호하며 이 광경을 지켜보았다… 그중 많은 유대인들은 이제 마을을 떠나야만 할 것이다… 체포 과정에서 유대인들의 집에 들어가 확인한 바, 유대인 거부의 집은 봉건영주의 집과 같았고 그곳에는 금은보화와 독일 고미술품들이 탐욕스럽게 쌓여 있었다. 기름때 절고 이가 들끓는 고물상을 하는 갈리시아인들도 있었다. 두 부류 다 체포 과정에서 똑같이 무례한 태도로 일관했다. 그들은 온갖 핑계를 대며 빠져나가려고… 애썼다… 협박하고 징징대며 애원했고, 유순한 얼굴로 세상 온갖 고통을 자신들의 어깨에 짐어진 듯이 행동했다…"

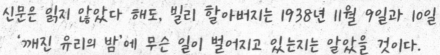

신문은 읽지 않았다 해도, 빌리 할아버지는 1938년 11월 9일과 10일 '깨진 유리의 밤'에 무슨 일이 벌어지고 있는지는 알았을 것이다.

그날 밤 할아버지 사무실 건너편 시너고그에 사복 차림의 "친위대" 대원들이 불을 질렀다.

1938년도 전화번호부 뒤에 실린 거리 목록에 따르면, 빌리 할아버지 사무실은 건물 2층에 있었다. 할아버지는 분명 2층 창문을 통해 시너고그와 행정관 건물을 볼 수 있었을 것이다.

시너고그가 불타고 있었을 때 사무실에 없었다 해도 다음 날에는 분명 전소된 건물을 보았을 것이다.

그날 안나 할머니가 손으로 빨래를 하고 있었다 해도, 보고 들은 것들을 할머니에게 이야기하지 않을 수는 없었을 것이다.

전후 마을 소방관의 진술

"밤 10시쯤 사이렌이 울렸어요… 당연히 훤한 불길을 보고 온 사람들이 수두룩하게 주위에 서서 지켜보고 있었죠. 시너고그에 도착해서 보니 건물 전체에 불을 질렀더라고요. 우리 대장이 고함을 쳤어요. '이건 교회에 대한 신성모독이다!' 대장은 경찰과 사복 차림의 '나치 돌격대' 군인들이 옆에 서 있는 걸 보지 못했죠. 불길은 지체 없이 잡혔어요. 피해가 경미해서 삼십 분 정도 치우고 나니 시너고그가 다시 쓸 만해지더라고요… 하루 뒤 시너고그에 다시 불을 지르라는 명령이 내려왔어요. 하지만 우리는 소방관이지 방화범이 아니잖아요. 그래서 시너고그는 다시 불타지 않았어요."

여덟 살 때 본 광경을 기억하는 노인의 진술

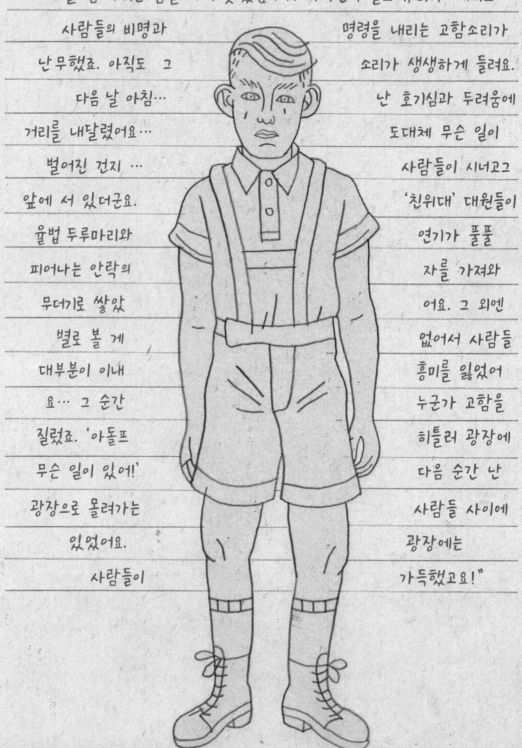

"그날 밤 우리는 잠을 자지 못했습니다. 사이렌이 울고 유리가 깨지고 사람들의 비명과 명령을 내리는 고함소리가 난 무서웠죠. 아직도 그 소리가 생생하게 들려요. 다음 날 아침… 난 호기심과 두려움에 거리를 내달렸어요… 도대체 무슨 일이 벌어진 건지 … 사람들이 시너고그 앞에 서 있더군요. '친위대' 대원들이 율법 두루마리와 연기가 풀풀 피어나는 안락의 자를 가져와 무더기로 쌓았어요. 그 외엔 별로 볼 게 없어서 사람들 대부분이 이내 흥미를 잃었어요… 그 순간 누군가 고함을 질렀죠. '아돌프 히틀러 광장에 무슨 일이 있어!' 다음 순간 난 광장으로 몰려가는 사람들 사이에 있었어요. 광장에는 사람들이 가득했고요!"

이어지는 노인의 진술

"공기 중에 긴장감이 팽배했습니다… 사방이 흥분으로 가득 차 있었지만, 한편으로는 불안감이 느껴졌어요… 그런 야유 소리는 처음 들었습니다. 무슨 일이 벌어지고 있는지 안 보여서 다른 아이들 몇 명과 시청 앞 분수대 위로 기어 올라갔지요. 그러자 사람들을 가득 실은 화물차 몇 대가 광장 쪽으로 달려오는 게 보였어요. 나중에 그 사람들이 유대인들이라는 걸 알았습니다. 그 사람들은 화물차에서 끌려 내려와 경찰서로 떠밀려 갔어요…

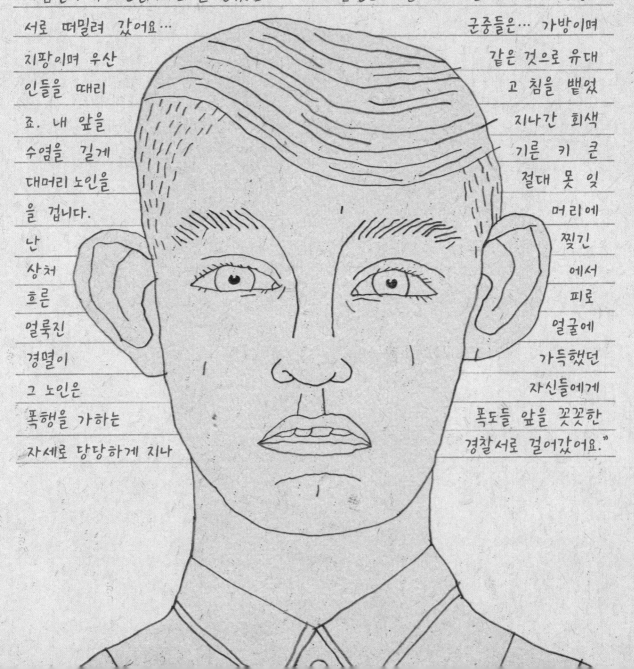

군중들은… 가방이며 지팡이며 우산 같은 것으로 유대인들을 때리고 침을 뱉었죠. 내 앞을 지나간 회색 수염을 길게 기른 키 큰 대머리 노인을 절대 못 잊을 겁니다. 난 머리에 찢긴 상처에서 흐른 피로 얼룩진 얼굴에 경멸이 가득했던 그 노인은 자신들에게 폭행을 가하는 폭도들 앞을 꼿꼿한 자세로 당당하게 지나 경찰서로 걸어갔어요."

a. 시내 다른 곳에 있었다.

b. 집에 있었다.

c. 사무실에 있었다.

d. 바로 그 현장에 있었다.

그날 수백 명의 유대인들이 체포되어 다하우 강제수용소로 끌려갔다.
유대인 공동체에는 벌금이 부과되었고, 불에 탄 시너고그는
"노후"되고 "공공 안전에 위험"하여 철거 지시가 내려졌다.
그 자리에는 대신, 연합군 공습으로 인한 화재 진압에 쓰일
급수소가 설치됐다.

서가에서 1940년도 전화번호부를 꺼낸다.
처음으로 유대인 시민들이 따로 구분되어 올라가 있다.

III. 322   Jüdische Einwohner

Jüdische Einwohner

그해 8월, 카를스루에 시장은 경찰서장에게 편지를 보낸다.

"유대인들이 복잡한 트램 안에서 뻔뻔하고 도발적으로 행동하면서
독일 여성들에게 자리를 양보하기를 거부한다는 불평이
시민들뿐 아니라 트램 직원들로부터 끊임없이 제기되고 있습니다."

빌리 할아버지의 집에서 모퉁이를 돌자마자 나오는 집 주소에서
1912년 올림픽 독일 팀의 전설적인 축구선수 율리우스 히르슈의 이름을 발견한다.

빌리 할아버지는 축구 팬이었을까?
아니면 유대인 이웃의 존재는 안중에도 없었을까?
어린 시절 내내 우리가 가족 여행을 예약하러 갔던 히르슈 여행사가
강제수용소나 다름없었던 유대인 거주 지역인 '테레지엔슈타트'의 생존자에다,
한때 유명한 축구선수였으며 우리 할아버지 집에서 모퉁이만 돌면 나오는 집에
살았던 이웃의 아들이 운영하는 곳이라는 사실을 내가 몰랐던 것처럼?

Hirsch — Jul. Israel, Murgst. 7.3

이 전화번호부가 나오고 3년 후, 율리우스 히르슈는
우편수송차로 독일에서 몰래 빼내주겠다는 친구의 제안을 거절하고 강제이송당했고
그의 이름은 독일축구연보에서 지워진다. 그는 아우슈비츠에서 사라지지만,
그 이름은 1944년까지 전화번호부에 유령처럼 떠돈다.

1940년 카를스루에의 집시들은 폴란드로 강제이송당했다. 같은 해 로베르트 바그너는 또 다른 나치 수장과 함께 6,500명도 넘는 그 지역 유대인 남녀에게 체포령을 내렸다. 10월 22일 1,000명에 육박하는 유대인들이 카를스루에 기차역에 집합했다. 목적지는 피레네 산맥 지역에 위치한 귀르스 강제수용소였다. 그곳에서 많은 사람들이 몇 년 후 아우슈비츠로 옮겨졌다.

"일반 시민들은 작전 진행을 거의 눈치채지 못했습니다."
유대인 체포 작전 직후 친위대 장군 라인하트 하이드리히는 진술했다.
로베르트 바그너는 카를스루에가 '유대인 없는' 최초의 지역이라고 선포했다.

1941년 "유대 시민" 항목은 전화번호부에서 사라진다.

1941년도 전화번호부에는 빌리 할아버지와 사무실을 함께 쓴 사람들 이름이 모두 올라 있다. 가톨릭 학생회는 원래 2층에 있었지만 "전복적" 성향으로 인해 1938년 하인리히 힘러에 의해 해체된 후 사라졌다.

이제는 제국노동국 국장과 육군 원수가 빌리 할아버지와 같은 층을 쓴다. 건물 1층에서는 "외국산 와인과 남부 과일" 전문인 에밀리오 유스트가 와인 바 '바인하우스 유스트'를 운영하고 있다.

그 페이지의 왼쪽 상단 구석에는 '바인하우스 유스트'의 광고가 실려 있다. 이 건물이 빌리 할아버지가 서 있었던 곳일까, 1938년 11월 10일 저 흰 커튼 뒤 어둠 속에서?

Weinhaus Just
Spezialität: Auslands=Weine und Südfrüchte
Kaiserstraße 91 — Fernruf 4259

나는 좀더 자세히 알고 싶어서 관련 물품들을 인터넷에서 찾아본다. 1932년 그곳에서 공연했던 '투시와 최면, 손수건 마술의 대가'인 비범한 마술사 프란츠 후고스의 사인이 299달러에 올라와 있지만, 그건 사양.

또 다른 판매용 물건이 스크린에 뜬다. 이번에는 관심이 간다. 1930년 부활절 엽서. "내 편지 못 받았습니까? 빨리 소식을 듣고 싶습니다." 상사병에 시달리는 알베르트 군이 쌀쌀맞은 메데르트 양에게 보내는 것인데,

엽서의 앞면이 '바인하우스 유스트'의 실내 정경 사진이다.

나는 엽서를 바라보며, 하루 종일 사무실에서 일하고 레스토랑에 들어서는 빌리 할아버지의 모습을 상상한다. 할아버지는 방충제 향이 나는 플란넬 모자를 지배인에게 건넨다. 앉으려고 의자를 테이블 밑에서 당기자, 양탄자 깔린 바닥 위로 의자 끌리는 소리가 들린다. 손가락으로 테이블보를 반듯하게 편 다음 조그만 화병을 들어 분홍색 꽃향기를 맡는다. 사투리 억양이 도드라진 소리로 레드와인 한 병을 주문한다. 할아버지는 목을 죽 빼고 그랜드피아노 뒤에 앉은 프란츠 후고스를 흘낏 본다. 바이올린 조율이 끝나고 턱시도를 입은 가수가 조명 속으로 걸어 들어오자 독일식 탱고 리듬에 맞춰 발로 바닥을 가볍게 탁탁 친다.
"검은 머리 집시여, 그대는 내 고통을 알지.
그대의 바이올린이 울 때면 내 가슴도 함께 우네!"

음악과 기분 좋은 취기 속에서, 이제 나는 맞은편 의자에 앉아 할아버지를 바라보며 그의 손 위에 내 손을 포개고 늘 애타게 하고 싶던 질문을 던지리라.

"열람실에 파일이 준비되어 있어요."
기록보관 담당자가 백일몽을 깨우고 나를 현실로 되돌린다.

11.
소프트 리턴

브론바흐 기록보관소를 방문하고 며칠 후 아빠가 퀼스하임 성 앞 광장에 나를 내려준다. 나는 이곳에서 며칠 혼자 지내기로 결심했다. 손을 흔들며, 카를스루에로 돌아가는 길을 향해 아빠가 차를 몰고 가는 모습을 지켜본다. 그러고는 아빠의 가족이 몇 세대에 걸쳐 살았던 동네에 발을 내딛는다.

Külsheim i. Baden

30년 전 안네마리에서라도 보기 위 이 거리에 내렸던 나는 최대한 조심다. 이 길이 한때 이 걸었던 길이다. 때 지나쳤던 집들 분수대가 있다. 치원을 빼먹고 혼 마당이다. 여기가 학교로 걸어가던 고모의 집을 바깥해 오빠와 내가 바로 그때처럼, 스럽게 보도를 걷는 프란츠-카를 삼촌 여기에 삼촌이 한이, 물을 마셨던 이곳이 아빠가 유자 앉아 놀던 성의 아빠가 배를 곯고 곳이다.

아빠의 불행했던 어린 시절이 발바닥에서부터 기어 올라온다.
여기가 아빠를 쫓아냈던, 그래서 현재의 아빠를 만든 아빠의 옛 하이마트이다.

갑자기 공포가 밀려온다——아빠가 그립다,
다시는 못 보기라도 할 것처럼.

온라인에서 연이 닿은 아마추어 역사가 에곤과 만날 약속을 해두었다. 나치 정권 치하의 컬스하임에서 성장한다는 게 어떤 경험이었는지 그 사람이 알려줄 수 있기를 바란다. 가족에게 직접 들을 준비는 미처 되지 않은 일들을 그 사람을 통해 알 수 있었으면 좋겠다.

아빠를 평생토록 그 그림자 속에서 살게 한,
이탈리아의 묘지 앞에 선 이후로 늘 알고 싶었던, 그의 부재로 우리 가족을
금 가게 만든 프란츠-카를 삼촌은
어떤 사람이었을까?

에곤은 키가 크다. 꼿꼿한 자세와 백발머리에서 자신감이 뿜어 나온다. 퀼스하임 중심가를 걸으며 내게 "다른 어떤 역사가도 나만큼 많은 것을 이야기해줄 수는 없다"고 말한다.

어쩌면 이렇게 조그만 마을에 사는 어떤 사람들에게는 유대인들에 대한 기억을 간직한다는 게 자신의 죄의식을 자백하는 것과 동일한 일일지도 모르겠다.

에곤의 친척 하나는 1933년까지 퀼스하임의 시장이었다. 그는 나치가 권력을 잡은 후 시너고그의 율법 두루마리를 화재로부터 지키기 위해 그중 하나를 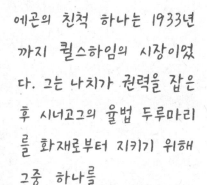 자기 집 마루청 밑에 숨겼다. 에곤의 아버지는 퀼스하임의 유대인들이 물에 처박힐 때 그 자리에 있었다. "아버지는 막으려고 했어요." 에곤은 말한다. "하지만 나치 하나가 사람들에게 그랬다간 똑같이 분수대에 처넣어 버리겠다고 했지요."

에곤은 어떤 할머니 얘기를 들려준다. 중심가를 왔다 갔다 하면서 지나가는 사람들에게 똑같은 이야기를 하고 또 하는 사람. 이웃이 강제이송당했을 때 그녀는 창밖으로 외쳤다. "그 사람을 어쩔 작정이에요?" 그러자 나치가 고함을 질렀다. "자기 자리로 가는 것뿐이야."

에곤이 말하길, '깨진 유리의 밤' 50주년이었던 1988년에 킬스하임 시의회에서는 시너고그가 있던 자리에 기념 명판을 만들자는 합의가 이루어졌었다. 하지만 일부 마을 사람들이 (나치 정권에 저항하다 처형당한 목사인) 파터 그림 기념터의 의미가 상대적으로 약화되지 않겠느냐는 (그리고 어쨌거나 과거는 뒤로하는 게 낫지 않겠느냐는) 우려를 표하는 바람에 그 결정은 없던 일이 됐다.

에곤은 과거 시너고그가 있던 공터와 강제이송 전 유대인들이 갇혀 있던 집을 보여준다. 그는 '메주자'가 걸려 있던 흔적이 움푹하게 남아 있는, 지금은 터키인 가족이 살고 있는 어느 집을 가리킨다. 그가 허물어져가는 헛간 문을 열고 들어간다. 얼마 전 썩어가는 짚더미 밑에서 유대교의 의식용 목욕장인 낡은 미크바가 발견되었다. 흔들거리는 문짝과 쟁기 사이에서 썩어가는 미크바.

그는 유대인 묘지에 처음으로 묻힌 사람(1695)과 마지막으로 묻힌 사람(1938)의 묘석을 보여주며, 대리석 판이 사라지고 없는 묘비를 가리킨다.

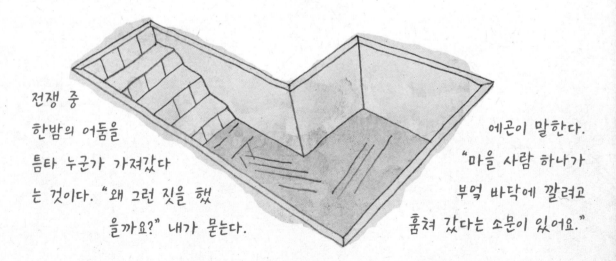

전쟁 중 한밤의 어둠을 틈타 누군가 가져갔다는 것이다. "왜 그런 짓을 했을까요?" 내가 묻는다.

에곤이 말한다. "마을 사람 하나가 부엌 바닥에 깔려고 훔쳐 갔다는 소문이 있어요."

작별 선물로 에곤이 내게—생전 처음 보는—1732년까지 거슬러 올라가는 우리 가족 가계도를 건넨다. "이 사람은 계단에서 굴렀어요." 1888년 목이 부러진 카를-요제프 크루크를 가리키며 그가 말한다. 퀼스하임의 아마추어 계보학자 덕분에 마침내 이야깃거리 하나가 생긴다. 우리 집안에서 낙상은 흔한 사망 원인인 것 같다.

시청

분수대

알로이스와 마리아

마이어 노이먼?

호텔

이 1920년대 사진에는 알로이스 할아버지와 마리아 할머니의 결혼식 날, 두 분이 1939년 유대인 남자들이 물 속에 처박혔던 분수대를 지나고 내가 머물고 있는 호텔을 지나 중심가를 걸어 내려오는 모습이 담겨 있다. 사진 속에서 한 남자가 지금 내가 묵고 있는 방 바로 아래 창문 밖으로 몸을 내밀고 있다. 이 사람이 마을 율법학자이자 당시 이 건물—코셔 레스토랑—의 주인이었던 마이어 노이먼일까?

내 방은 찌는 듯이 덥다. 지금은 연중 가장 더운 달, 가장 더운 시간이다. 창턱에 놓인 고무나무 너머로 텅 빈 시청 광장과 중세시대 분수가 보인다. 쨍한 분홍색 제라늄들이 목마른 혀처럼 분수대에 매달려 늘어져 있다. 수염 난 사암 얼굴들이 쩍 벌린 입에서 물을 뿜어낸다. 분수대 바로 뒤에는 십자가에 매달린 예수가 1939년 그날의 일을 지켜봤듯이 지켜보고 있다. 피 흘리는 예수의 발아래에는 '에스 이스트 폴브라흐트Es Ist Vollbracht'라는 글자가 새겨져 있다. '다 이루었다.'

그날 밤에는 또 다른 이 지역 역사가인 한스와 만나 술을 한잔 기울인다.
리슬링을 몇 모금 홀짝거리다가 불현듯, 우리가 오래된 밤나무 그늘 밑에 앉아 있는

이 비어가든이 우리 증조할아버지 레스토랑의 비어가든이라는 것을 깨닫는다.
레스토랑 이름도 여전히 '로즈'다.

나는 파사드를 보면서, 아빠가 그 건물 안에서
뜨거운 본메로우 덤플링 수프를 숟가락으로 듬뿍 떠 후후 부는 모습을 상상해본다.

한스의 목소리는 부드럽고 그의 눈은 솔직하다. 그는 퀼스하임의 유대인 역사를 감상이나 독선적인 기색 없이 이야기한다. 집에 모아둔 수천 장의 서류와 사진, 인터뷰 기록 들로 언젠가는 책을, 퀼스하임의 유대인들에 대한 사실들을 속속들이 알려줄 해설서를 낼 거라고 한다. 그는 군부대 사무실에서 자기 일을 하거나 지역 축구클럽이나 축제 준비 위원회 일을 보거나 독일-프랑스 전쟁 포로 연합회 간의 우정을 기리기 위해 프랑스에 갈 때를 제외하고는 기록을 수집하고 맥주 한잔을 하며 노인들을 인터뷰하는 일에 매진한다. '로즈'에서 모퉁이를 돌면 보이는 오래된 집 하나가 헐리는 중인데, 그러기 전에 거기 가서 전 유대인 주인이 깔아놓은 옛날 타일들을 챙기지 못했다며 심란해한다. 훗날 계획 중인 퀼스하임 유대역사박물관을 위해 그 타일들을 수습하고 싶었다는 것이다. "일찍 물어봤으면 좋았을 텐데 말이에요." 그가 고개를 저으며 말한다.

한스는 온통 이 생각뿐이다. 나는 동지를 만난 기분이다.

1980년대에 한스가 마을 사
람들 인터뷰를 시작했을 때는
뭔가를 기억하는 사람이 아무도
없는 것 같았다. 모두들 "들판에서
일하고" 있었거나 "운전 교습을 받으러 교외에 나가" 있었거나
다른 일을 하느라 바빴는데, 그때 누군가 마을의 주전원을 내렸고, 어둠을 틈타
유대인 상점 창문들을 깨부수었고, 유대인들을 물속에 처박았고, 시너고그에 누전

사고가 일어났고, "사람들이 화물차에 실려 어딘지
모를 곳으로 끌려갔다." 시간이 흘러, 조각난 이야

기들이, 사진들이, 서류들이 물에 불은 시체처럼
수면 위로 떠올랐다. 기억이 전설이 되고, 때로는
전설이 기억이 되었다.

마을 사람들 모두가 한스의 호기심을 좋게 보는 것은 아니다. "조심해." 몇
년 전 누군가 그에게 경고했다. "나치가 돌아오면 당신이 가장 먼저 잡혀갈
거야!" 하지만 정치 이야기를 하지 않는 한 모두와 잘 어울려 지낸다고 그는
말한다. 심지어 길거리에 떨어진 음식을 못 먹게 하려고 자기 개한테
"저건 유대인이 저기다 둔 거야"라고 말하는 사람과도 말이다.

"저희 삼촌 아세요?"

"물론이지." 테오가 말한다.
"나보다 겨우 몇 살 많았는걸."

"어떤 분이었어요?"

테오의 눈이 무성한 눈썹 아래서
반짝 빛난다.

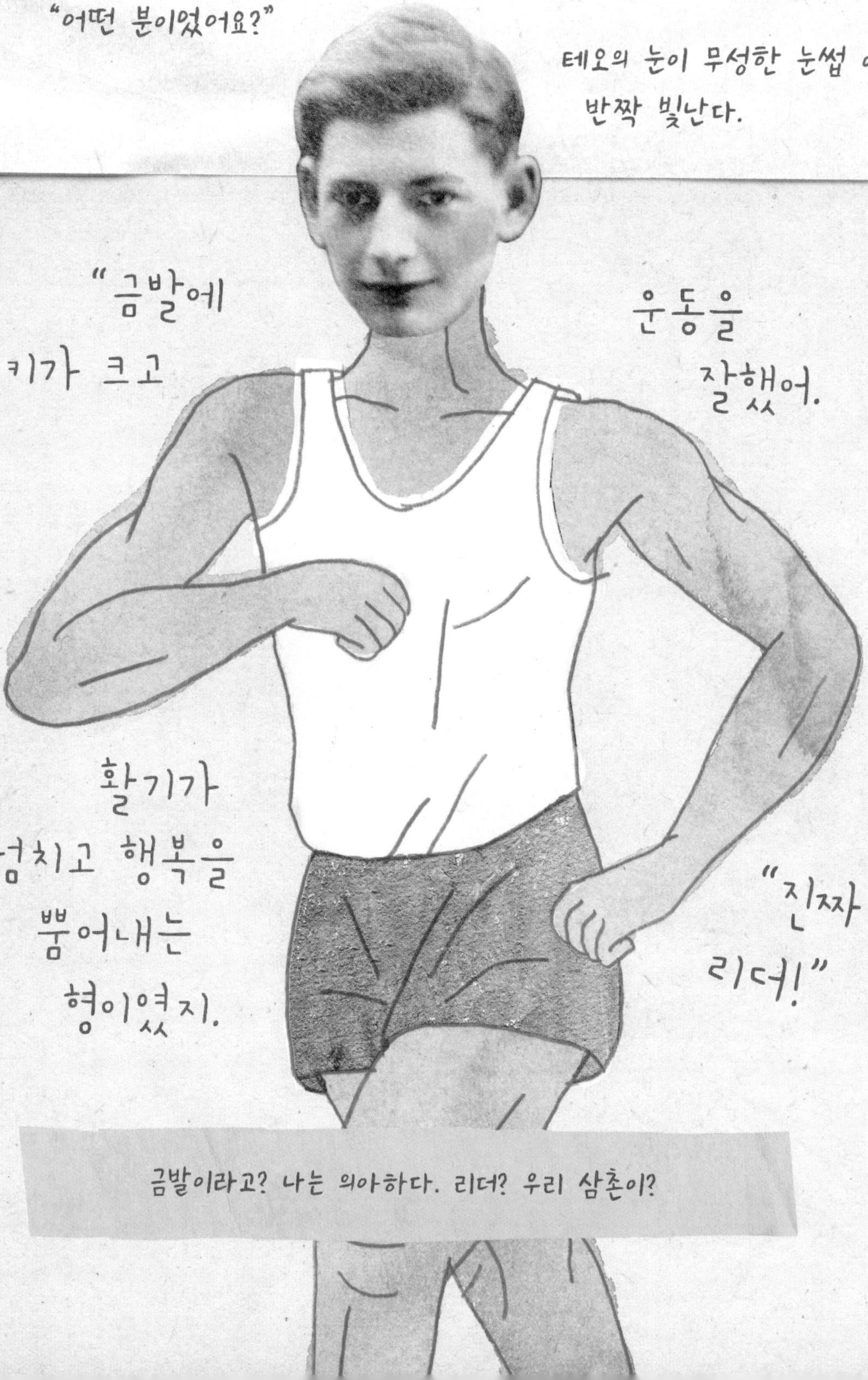

"금발에
키가 크고

운동을
잘했어.

활기가
넘치고 행복을
뿜어내는
형이었지.

"진짜
리더!"

금발이라고? 나는 의아하다. 리더? 우리 삼촌이?

"자네 삼촌이 징집되었을 때를 기억해." 테오가 말한다.

여기 SS라고 써.

다음!

"많은 사람들이 곧장 친위대에 징집당해 대포 밥으로 쓰였지.

자네 삼촌과 다른 징집병들을 배웅 하러 언덕 위에서 환송회가 열렸어. 기억에 남는 밤이었지."

"우리 할아버지 할머니의 정치적 태도에 대해서 뭐 아는 거 있으세요?" 내가 묻는다.

"아니. 마을에서 손꼽히는 부자였다는 것만 알아. 차가 있었기 때문에 다들 현대적이라고 생각했어.

자네 고모 안네마리도 현대적이었어. 당시로서는 좀 튀었지. 늘 바지를 입고 다녔거든."

테오는 맥주를 바라보며 마치 고모에게 감탄이라도 하듯이 미소를 짓는다.

호텔로 돌아오는 길, 나는 중심가에 있는
어느 중세풍의 집 앞에서 걸음을 멈춘다. 전면 회벽은
연분홍과 붉은색으로 깔끔하게 칠해져 있고, 집 옆에서
빛나고 있는 표지판에는 독일 랜드마크 재단의 도움으로
집이 최근 보수되었다는 사실이 적혀 있다.

그 바로 뒤에는 낡은 미크바가 방치되어 있던
허물어져가는 헛간이 있다.

그 옆에 '엘렉트로-하우스'의
밴 한 대가
세워져 있다.

차에 시동이
걸리고, 나는 그 차가
파터 그림 슈트라세를 향해,
마을의 끝머리를 향해
사라지는 모습을 바라본다.

집에서 구운 세 가지 종류의 케이크, 근처 포도밭에서 생산한 포도로 만든 와인, 소파 뒤에 일렬로 앉은 곰 인형들. 친절한 환대가 나를 온통 에워싼다. 발다는 내 팔을 수시로 만진다. 얼굴마저 부드러운 베개처럼 생겼다. 집에 들어서자마자, 그녀는 나를 가족으로 대한다. 마리아 할머니의 아버지인 하인리히 증조할아버지 이야기를 하며 "가이어 할아버지랑 닮았네" 한다. "가무잡잡하고 날씬하고 키가 크셨지." 에곤에게 받은, 1700년대까지 거슬러 올라가는 가계도 없이도 생김새만으로도 분명하게 연결된다.

나를 제외한 이곳의 모두가
내가 어디에 속하는지 알고 있다.

지리적으로. 역사적으로. 유전적으로.

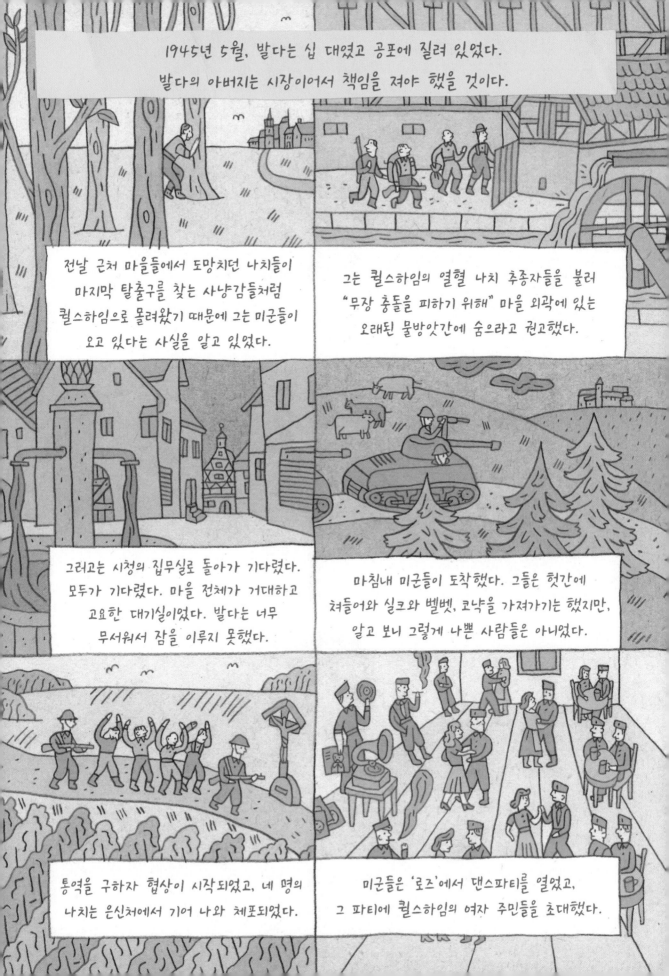

1945년 5월, 발다는 십 대였고 공포에 질려 있었다.
발다의 아버지는 시장이어서 책임을 져야 했을 것이다.

전날 근처 마을들에서 도망치던 나치들이 마지막 탈출구를 찾는 사냥감들처럼 퀼스하임으로 몰려왔기 때문에 그는 미군들이 오고 있다는 사실을 알고 있었다.

그는 퀼스하임의 열혈 나치 추종자들을 불러 "무장 충돌을 피하기 위해" 마을 외곽에 있는 오래된 물방앗간에 숨으라고 권고했다.

그러고는 시청의 집무실로 돌아가 기다렸다. 모두가 기다렸다. 마을 전체가 거대하고 고요한 대기실이었다. 발다는 너무 무서워서 잠을 이루지 못했다.

마침내 미군들이 도착했다. 그들은 헛간에 쳐들어와 실크와 벨벳, 코냑을 가져가기는 했지만, 알고 보니 그렇게 나쁜 사람들은 아니었다.

통역을 구하자 협상이 시작되었고, 네 명의 나치는 은신처에서 기어 나와 체포되었다.

미군들은 '로즈'에서 댄스파티를 열었고, 그 파티에 퀼스하임의 여자 주민들을 초대했다.

"우리 할머니에 대해 기억하시는 거 있어요?" 나는 발다에게 묻는다.

"그분은 일꾼들에게 농장 일을 시킬 수 있는 부자라는 걸 보여주기 위해 늘 흰옷을 입고 다녔지. 그 시대에 드문 분이었어. 1939년에는 군인들과 빈으로 사라졌지." 내가 무슨 소리냐는 듯이 쳐다보자 발다는 조용히 미소 지었고, 그걸 본 나는 마리아 할머니가 적어도 그중 한 사람과 그렇고 그런 관계였다는 결론을 내린다.

"안네마리는 수치를 당할까봐 잠시 학교에 가지 못했어. 네 할아버지가 돌아가시고 어느 날, 지하실에서 자두 슈납스를 만들다가 마리아 할머니가 내게 그랬어. 물들인 군복을 입고 다니던 뒷마당 남자가 네 아버지한테 자기 저금을 남기고 싶어 한다고. 그 사람이 평소 네 아빠를 특별히 챙겼거든."

발다가 의미심장한 표정으로 나를 쳐다본다. "알로이스 할아버지가 우리 할아버지가 아니란 말이에요?" "글쎄." 발다가 미소를 짓는다.

"네 아빠한테는 쉽지 않은 일이었어. 아직도 어릴 때 우리 집 앞에 서서 먹을 걸 좀 달라고 하던 모습이 생각나.

그 생각을 하면 아직도 마음이 찢어지게 아프단다."

나중에 나는 내가 들은 이야기를 아빠에게 모두 다 들려주었다. 말없이 나를 보는 표정에서 나는 아빠가 깊이 감동했다는 것을 알 수 있었다. 아빠가 말했다. "저금 이야기는 전혀 몰랐네."

발다의 옆집, 예전에 증조할아버지가 살았던 300년 된 농가의 입구에는 프란츠–카를 증조할아버지의 이름 첫 글자인 FKK, 삼촌과 아빠도 공유하는 그 머리글자가 아직도 장식되어 있다. 그 집 다락방은 가족 물품 저장고라 하니, 나는 혹시나 프란츠–카를 삼촌의 물건이 숨어 있지 않을까 살펴보기로 한다.

우리 집안의 성이 적힌 100년 된 밀가루 포대들이 먼지가 수북한 채 오래된 궤짝 안에 쌓여 있다. 증조할아버지가 1906년 농업원예박람회에서 은메달을 따고 받은 증명서가 부서진 액자에 담겨 벽에 기대 서 있다. 한 종이 상자에는 1936년부터 1937년 사이 손자들이 그린 그림들이 들어 있다.
독버섯 자라는 숲에서 사냥감을 쫓는, 쥐가 갉아먹은 꿈들.

그곳에는 프란츠–카를 삼촌도, 내 궁극의 질문들에 대한 해답도 없었다.
어쩌다 거미줄을 건드려 거미 가족 수십 마리를 집에서 쫓아낸 후,
나는 앞으로도 수십 년 동안 먼지가 내려앉을 그곳을 나온다.

12.
집단 심리

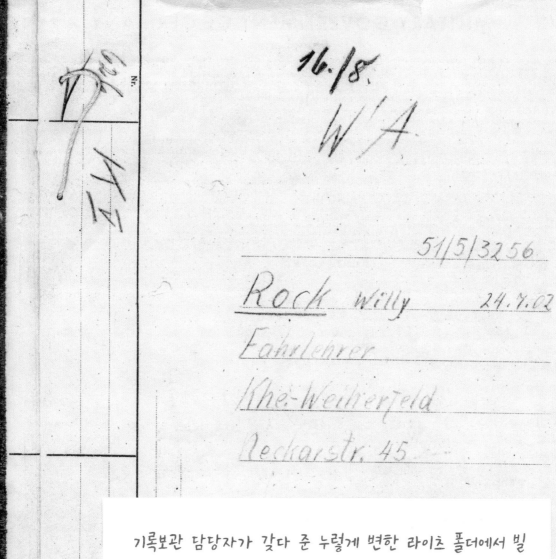

기록보관 담당자가 갖다 준 누렇게 변한 라이츠 폴더에서 빌리 할아버지의 이름이 나를 노려본다. 70여 년 전 수집 정리된 이 미군 파일이 햇빛을 보는 순간이다——두 세대 만에 처음으로.

나는 자리에 앉아서 파일의 겉장를 넘긴다.

MILITARY GOVERNMENT OF GERMANY
Fragebogen

WARNING: Read the entire Fragebogen carefully before you start to fill it out. The English language will prevail if discrepancies exist between it and the German translation. Answers must be typewritten or printed clearly in block letters. Every question must be answered precisely and conscientiously and no space is to be left blank. If a question is to be answered by either "yes" or "no", print the word "yes" or "no" in the appropriate space. If the question is inapplicable, so indicate by some appropriate word or phrase such as "none" or "not applicable". Add supplementary sheets if there is not enough space in the questionnaire. Omissions or false or incomplete statements are offenses against Military Government and will result in prosecution and punishment.

WARNUNG: Vor Beantwortung ist der gesamte Fragebogen sorgfältig durchzulesen. In Zweifelsfällen ist die englische Fassung maßgebend. Die Antworten müssen mit der Schreibmaschine oder in klaren Blockbuchstaben geschrieben werden. Jede Frage ist genau und gewissenhaft zu beantworten und keine Frage darf unbeantwortet gelassen werden. Das Wort „ja" oder „nein" ist an der jeweilig vorgesehenen Stelle unbedingt einzusetzen. Falls die Frage durch „Ja" oder „Nein" nicht zu beantworten ist, so ist eine entsprechende Antwort, wie z. B. „keine" oder „nicht betreffend" zu geben. In Ermangelung von ausreichendem Platz in dem Fragebogen können Bogen angeheftet werden. Auslassungen sowie falsche oder unvollständige Angaben stellen Vergehen gegen die Verordnungen der Militärregierung dar und werden dementsprechend geahndet.

A. PERSONAL / A. Persönliche Angaben

1. List position for which you are under consideration (include agency or firm) — 2. Name (Surname). (Fore Names). — 3. Other names which you have used or by which you have been known. — 4. Date of birth. — 5. Place of birth. — 6. Height. — 7. Weight. — 8. Color of hair. — 9. Color of eyes. — 10. Scars, marks or deformities. — 11. Present address (City, street and house number). — 12. Permanent residence (City, street and house number). — 13. Identity card type and Number. — 14. Wehrpass No. — 15. Passport No. — 16. Citizenship. — 17. If a naturalized citizen, give date and place of naturalization. — 18. List any titles of nobility ever held by you or your wife or by the parents or grandparents of either of you. — 19. Religion. — 20. With what church are you affiliated? — 21. Have you ever severed your connection with any church, officially or unofficially? — 22. If so, give particulars and reason. — 23. What religious preference did you give in the census of 1939? — 24. List any crimes of which you have been convicted, giving dates, locations and nature of the crimes.

1. Für Sie in Frage kommende Stellung: **Fahrlehrer**
2. Name **Rock** **Willy** 3. Andere von Ihnen benutzte Namen
   Zu-(Familien-)name Vor-(Tauf-)name
   oder solche, unter welchen Sie bekannt sind. **keine**
4. Geburtsdatum **24.7.02** 5. Geburtsort **Karlsruhe**
6. Größe **1,78m** 7. Gewicht **69 Kg.** 8. Haarfarbe **d.blond** 9. Farbe der Augen **grau**
10. Narben, Geburtsmale oder Entstellungen **keine**
11. Gegenwärtige Anschrift **Karlsruhe. Neckarstr. 45**
12. Ständiger Wohnsitz
13. Art der Ausweiskart... **keine**
16. Staatsangehörigkeit ...nd Einbürgerungsort an.
18. Aufzählung aller Ihr... ...ine
19. Religion **evang.** ...ziell oder inoffiziell ihre
    Verbindung mit einer Kir... ...t betreffend

23. Welche Religionsangehörigkeit haben Sie bei der Volkszählung 1939 angegeben? **evang.** 24. Führen Sie alle Vergehen, Übertretungen oder Verbrechen an, für welche Sie je verurteilt worden sind, mit Angaben des Datums, des Orts und der Art. **nicht betreffend**

B. Grundschul- und höhere Bildung

Name & Ty... school or n... Name und A... besonderen NS oder Militarakademie geben Sie dies an	Ort	Wann besucht?	Certificate Diploma or Degree Zeugnis, Diplom oder akademischer Grad	Did Abitur permit University matriculation? Berechtigt Abitur oder Reifezeugnis zur Universitätsimmatrikulation?	Date Datum
Volksschule	Karlsruhe	1909-1917	Abg.Zeugnis	nicht betr.	nicht bet...

25. List any German University Student Corps to which you have ever belonged. — 26. List (giving location and dates) any Napola, Adolph Hitler School, Nazi Leaders College or military academy in which you have ever been a teacher. — 27. Have your children ever attended any of such schools? Which ones, where and when? — 28. List (giving location and dates) any school in which you have ever been a Vertrauenslehrer (formerly Jugendwalter).

25. Welchen deutschen Universitäts-Studentenburschenschaften haben Sie je angehört? **keinen**
26. In welchen Napola, Adolf-Hitler-, NS-Führerschulen oder Militärakademien waren Sie Lehrer? Anzugeben mit genauer Orts- und Zeitbestimmung. **keinen**
27. Haben Ihre Kinder eine der obengenannten Schulen besucht? **nein** Welche, wo und wann? **nicht betreffend**
28. Führen Sie (mit Orts- und Zeitbestimmung) alle Schulen an, in welchen Sie je Vertrauenslehrer (vormalig Jugendwalter) waren. **nicht betreffend**

C. PROFESSIONAL OR TRADE EXAMINATIONS / C. Berufs- oder Handwerksprüfungen

Name of Examination Name der Prüfung	Place Taken Ort	Result Resultat	Date Datum
Gesellenprüfung Fahrlehrerprüfung	Karlsruhe	Prüfg.bestanden	31.3.1920 März 1930

이것은 원본 서류, 할아버지가 그 옛날 직접 손에 쥐었던 바로 그 설문지이다.

마침내 빌리 할아버지가 내게 말을 하고 있다.

설문지에는 모두 313개의 질문이 있다.

1946년 1월 10일, 빌리 할아버지는 자신의 타자기로 답을 작성한다.

40. Indicate on the following chart whether or not you were a member of and any offices you have held in the organizations listed below. Use lines 96 to 98 to specify any other associations, society, fraternity, union, syndicate, chamber, institute, group, corporation, club or other organization of any kind, whether social, political, professional, educational, cultural, industrial, commercial or honorary, with which you

40. 아래 열거된 조직들에 가입했는지 여부와 가입 당시 맡았던 직책을 표에 기입하시오.

or post of authority listed in Column 5.

40. In der folgenden Liste ist anzuführen, ob Sie Mitglied einer der angeführten Organisationen waren und welche Aemter Sie darin bekleideten. Andere Gesellschaften, Handelsgesellschaften, Burschenschaften, Verbindungen, Gewerkschaften, Genossenschaften, Kammern, Institute, Gruppen, Körperschaften, Vereine, Verbände, Klubs, Logen oder andere Organisationen beliebiger Art, seien sie gesellschaftlicher, politischer, beruflicher, sportlicher, bildender, kultureller, industrieller, kommerzieller oder ehrenamtlicher Art, mit welchen Sie je in Verbindung standen oder welchen Sie angeschlossen waren, sind auf Zeile 96—98 anzugeben.

1. Spalte: „Ja" oder „Nein" sind hier einzusetzen zwecks Angabe ihrer jemaligen Mitgliedschaft in der angeführten Organisation. Falls Sie Anwärter auf Mitgliedschaft oder unterstützendes Mitglied oder im „Opferring" waren, ist, unter Nichtberücksichtigung der Spalten, das Wort „Anwärter" oder „unterstützendes Mitglied" oder „Opferring" sowie das Datum Ihrer Anmeldung oder die Dauer Ihrer Mitgliedschaft als unterstützendes Mitglied oder im Opferring einzusetzen.
2. Spalte: Eintrittsdatum.
3. Spalte: Austrittsdatum, falls nicht mehr Mitglied, anderenfalls ist das Wort „gegenwärtig" einzusetzen.
4. Spalte: Mitgliedsnummer.
5. Spalte: Höchstes Amt, höchster Rang oder eine anderweitig einflußreiche von Ihnen bekleidete Stellung. Nichtzutreffendenfalls ist das Wort „keine" in Spalte 5 und 6 einzusetzen.
6. Spalte: Antrittsdatum für Amt, Rang oder einflußreiche Stellung laut Spalte 5.

		1 Yes or no ja oder nein	2 From von	3 Te bis	4 Number Nummer	5 Highest Office or rank held Höchstes Amt oder höchster Rang	6 Date Appointed Antrittsdatum
41.	NSDAP 나치당	ja	1933	1.8. 1940	2565949	keine 없음	keine
42.	Allgemeine ⚡⚡	nein					
43.	Waffen-⚡⚡	nein					
44.	Sicherheitsdienst der ⚡⚡	nein					
45.	SA	nein					
46.	HJ einschl. BDM	nein					
47.	NSDStB	nein					
48.	NSDoB	nein					
49.	NS-Frauenschaft	nein					
50.	NSKK	nein					
51.	NSFK	nein					
52.	Reichsb. der deutschen Beamten	nein					
53.	DAF	nein					
54.	KdF	nein					
55.	NSV	nein					
56.	NS Reichsbund deutscher Schwestern	nein					
57.	NSKOV	nein					
58.	NS Bund Deutscher Technik	nein					
59.	NS Aerztebund	nein					
60.	NS Lehrerbund	nein					
61.	NS Rechtswahrerbund	nein					
62.	Deutsches Frauenwerk	nein					
63.	Reichsbund deutsche Familie	nein					
64.	NS Reichsbund für Leibesübungen	nein					
65.	NS Altherrenbund	nein					
66.	Deutsche Studentenschaft	nein					
67.	Deutscher Gemeindetag	nein					
68.	NS Reichskriegerbund	nein					
69.	Reichsdozentenschaft	nein					
70.	Reichskulturkammer	nein					
71.	Reichsschrifttumskammer	nein					
72.	Reichspressekammer	nein					
73.	Reichsrundfunkkammer	nein					
74.	Reichstheaterkammer	nein					
75.	Reichsmusikkammer	nein					
76.	Reichskammer der bildenden Künste	nein					
77.	Reichsfilmkammer	nein					
78.	Amerika-Institut	nein					
79.	Deutsche Akademie München	nein					
80.	Deutsches Auslandsinstitut	nein					

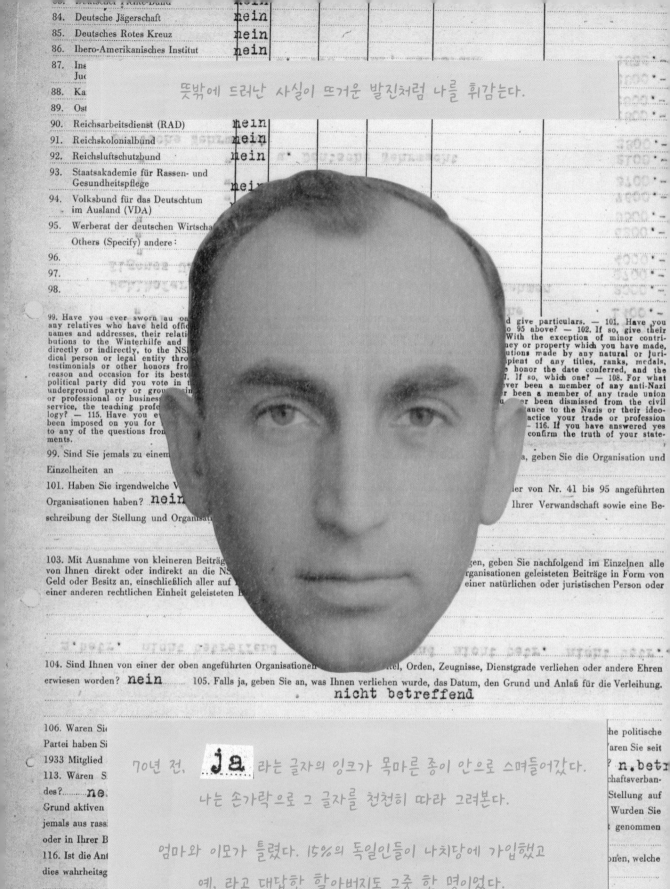

뜻밖에 드러난 사실이 뜨거운 발진처럼 나를 휘감는다.

70년 전, ja 라는 글자의 잉크가 목마른 종이 안으로 스며들어갔다. 나는 손가락으로 그 글자를 천천히 따라 그려본다.

엄마와 이모가 틀렸다. 15%의 독일인들이 나치당에 가입했고 예, 라고 대답한 할아버지도 그중 한 명이었다.

40. In d... **40. 아래 열거된 조직들에 가입 했는지 여부를 표에 기입하시오.** ...eführten

Organisati...

SS (일반)	42.	Allgemeine ⚡⚡	nein
SS (무장)	43.	Waffen-⚡⚡	nein
SS (비밀경찰)	44.	Sicherheitsdienst der ⚡⚡	nein
나치돌격대	45.	SA	nein
국가사회주의 자동차군단	50.	NSKK	nein
유대 문제 연구소	87.	Institut zur Erforschung der Judenfrage	nein

104. Sind I... **104. 위의 조직들로부터 직책이나 계급, 훈장, 상장, 그 외 여타 표창을 받은 적이 있는가?** ...e Titel,

Orden, ...

erwiesen worden? **nein** (아니요)

106. Waren ... **106. 1933년 이전, 정당의 당원이었는가?** **nein**

108. ... **108. 1932년 11월 선거 때 어느 당에 투표했는가?**

S.P.D. (사회민주당) 109. **109. 1933년 3월에는?** **S.P.D.**

114. S... **114. 나치나 그들의 사상에 적극적 혹은 소극적으로 저항하여 공직, 교직, 성직, 여타 직업에서 해고된 적이 있는가?** ...her ...ven

Wie... ...en?

nein

121. ... **121. 다른 사람들로부터 정치적, 종교적, 인종적 이유로 압수한 재산, 타국을 점령하는 과정에서 몰수한 재산, 독일에 점령된 나라들에서 독일인들의 정착을 촉진하기 위한 일환으로 몰수한 재산을 본인이나 직계가족이 획득한 적이 있는가?**

erwo...

Beset...

oder Volksdeutschen in von Deutschland besetzten Gebieten? **nein**

123. W... **123. 아리아인화 법령 혹은 포고를 촉진하기 위한 일환으로 유대인 자산의 관리자나 수탁자가 된 적이 있는가?** ...n Besitz

zwecks ...g?

nein

Meldebogen

auf Grund des Gesetzes zur Befreiung von
Nationalsozialismus und Militarismus vom 5. 3. 1946

De...
Zu...
Wo...
Ge...
Wo...

a) ... IN KARLSRUHE ... von ... bis ...
b) ... von ... bis ...

그다음 파일에는 14개의 질문이 있다. 빌리 할아버지는 1946년 4월 23일, 파란색 잉크로 또박또박 그 질문들에 답하고 이틀 후 지역 경찰서에 제출한다.

1.

모든 질문에 반드시 답할 것! 국가사회주의와 군국주의로부터의 해방령 65조에 의거, 잘못되었거나 모호하거나 불완전한 대답을 할 경우 징역 또는 벌금형에 처한다.

a
b Allg. SS . . . . . .
c Waffen-SS
d Gestapo
e SD. der SS (Sicherheitsdienst)
f Geheime Feldpolizei . .
g SA . . . . *nein*
h NSKK. (NS-Kraftfahr-...)
i NSFK. (NS-Flieger-Ko...)
k NSF. (NS-Frauenschaft...)
l NSDStB. (NS-Studentenbund) *nein*
m
n
o

4. 나치 조직 가입으로 특권을 누린 적이 있는가? *nein*

5. 나치당이나 여타 조직에 자금을 댄 적이 있는가? *nein*

6. 베어마흐트, 경찰 조직, 제국노동국, 토트 조직, 슈페어 수송여단에 가입한 적이 있는가?

WEHRMACHT 　최고계급: *UFFZ.* (하사) 　*1.8.1943*

2. zum Gesetz an...

| Bezeichnung | von | bis | Bezeichnung | von | bis |

a
b 〈비공식 사항을 포함〉 나치의 지도급 장교로 활동한 적이 있는가? *nein*
c
d 참모 장교로 활동한 적이 있는가? *nein*
e
f
g
11. 과거 혹은 현재 재판을 받은 적이 있는가? *Ja*
3. 어디서? *KARLSRUHE* (카를스루에) 　결과는? *unbekannt* (모름)

4. 13. 현재법상 본인의 등급을 어떻게 분류하겠는가?

5. ... an welche ... in ... insgesamt RM:

MITLÄUFER (동조자)

중대부역자 — 부역자 — 경미부역자 — 동조자 — 무혐의자.

제시된 다섯 가지 선택지 중 빌리 할아버지는

자신을 '동조자'로 분류한다.

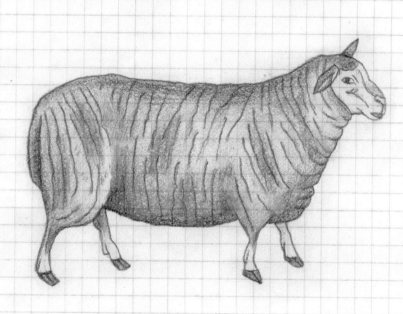

미트로이퍼, 용기와 도덕적 태도가 부족한 사람.

우표를 적실 때 쓰는 녹황색 스폰지가 놓인 오크 책상,

거기 앉아 있는 빌리 할아버지의 모습을 상상한다.

할아버지가 자신의 유약함을 고백하며

직접 쓴 단어를 보는, 견디기 힘든 이 순간.

23. APRIL 1946   Unterschrift: Rock Willi

Datum   Name   Vorname

사회민주주의자이자 나치 당원.
레지스탕스도 아니고 중대부역자도 아니다.

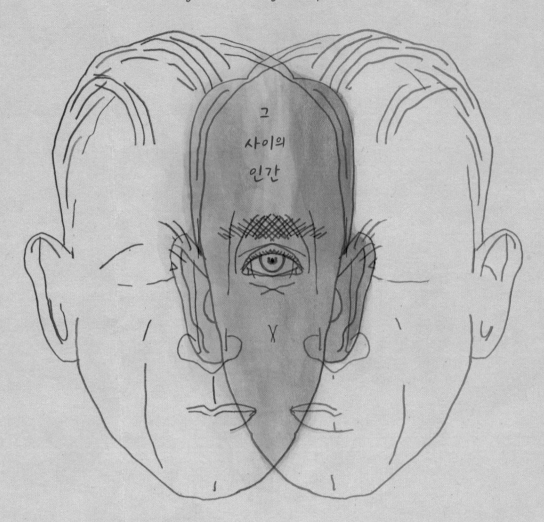

빌리 할아버지는 왜 사회민주당에 투표한 지 몇 달 만에
나치당에 들어갔을까?
1933년 4월, 나치는 기회주의자들의 유입을 막기 위해 입당 허가를 중지시켰다.
우리 할아버지는 예외였던 것일까?

페이지를 넘기다 보니 빌리 할아버지가 카를스루에 시장에게 보낸 편지가 나오고,
내 질문에 대한 모든 대답이 거기에 있다. 편지는 점령군을 위해 영어로 번역되어 있다.

Willi   Rock   Karlsruhe, January 22nd, 1946
Karlsruhe
Neckarstr. 45

빌리 로크

카를스루에

네카르슈트라세 45번지

카를스루에, 1946년 1월 22일

시장

카를스루에

내용: 법률 제8조 상고 절차

1945년 9월 28일, 저는 카를스루에 경찰국에 운전 교습소 재개에 관해 요청서를 제출했습니다. 이 요청서는 결정을 위해 카를스루에 경제국으로 회송되었습니다. 그리고 저는 경제국을 통해 허가 여부가 상고 절차의 결정에 달려 있다는 통고를 받았습니다.

이에 저는 법률 제8조 4항에 의거, 상고 절차를 위한 진술서를 제출합니다. 제 혐의의 경감을 위해 다음과 같이 진술합니다.

1932년 저는 카를스루에의 '달호퍼 앤드 훔멜' 사에 들어갔고 1933년 회사를 인수하게 되었습니다. 전 제국장관 로베르트 바그너의 차가 회사 주차장의 한 개인 차고에 있었기 때문에 회사 인수가 제 나치당 입당 여부에 달리게 되었습니다. 전술한 상황적 압박 속에서 저는 제게 압력을 가한 세력에 의해 당에 입당하였습니다. 당적을 지닌 동안 저는 어떤 직무나 직함, 지위도 가지지 않았으며 제복을 입지도 않았습니다. 운전 교습소 설립 비용은 몇 년 동안 우유 가게를 운영했던 아내로부터 얻은 것입니다.

제 상고 절차를 살펴보시고 부디 저와 당의 예전 관계를 너그러이 고려해주시기 바랍니다. 설문지를 첨부합니다.

존경하는 마음으로, *Willy Rock*

상기 진술은 다음 인물에 의해 확인되었음: *Franz Laugenbager, Hänzinger*

1933년까지 자유노동조합 소속이었다는 진술에 대한 증인으로는 "공공 사업 및 무역 고용인 연합"의 간사였던 카를스루에 코테사우어슈트라세 45번지의 시의원을 세우겠습니다.

Karlsruhe, Gottesauerstr. 45, who was manager of the Ver-
bandes der Arbeitnehmer der öffentlichen Betriebe und des Personen
Warenverkehrs. "

로베르트 바그너

시너고그 방화를
"없는" 사람들을
승인하고,
공산주의자들,
"정치적으로
투옥하고,
루트비히 마룸의
수백 명의 집시들과
강제추방한

지지하고 "살 가치가
죽이고 멸종시킬 것을
"반사회적 분자들",
사회민주주의자들,
전복적인 자들"을
유대인 변호사
교살을 명령하고,
수천 명의 유대인들을
사람.

그가 우리 할아버지가 인수하려던 운전 교습소 주차장에

차를 댔다.

운전 교습소를 인수한 돈이 정말로
안나 할머니의 우유 가게에서 나왔을까?

그게 아니면
유대인이 준 돈이라고 말하면
무슨 나쁜 영향이 있을까봐
두려웠던 것일까?

그 돈이 정말로 우유 가게에서 나왔다면 유대인 고용주의 돈은 어디에다 쓴 걸까?
눈에 띄지 않는 헛간에 숨겨준 대가로 할아버지가 돈을
받았다는 말도 여전히 믿고 싶다.

고향을 그리워하는 이주자의 노트에서

독일의 좋은 것들 | N°6 | Das Brot

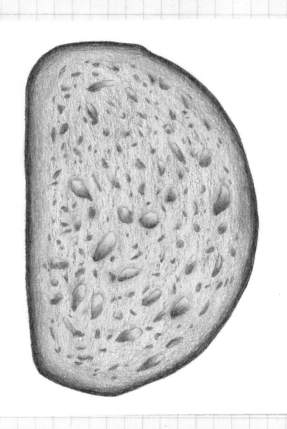

빵Brot. 독일에 도착해 비행기에서 내리면 나는 가장 먼저 근처 빵집을 찾는다. 완벽한 빵은 크고 묵직하다. 거무스름하고 단단하며 겉은 딱딱하고 속은 끈적끈적하고 시큼하다. 빵 냄새를 맡으면 숲이 생각난다. 외국에 사는 독일 사람들에게 언제 고국이 그립냐고 물으면 많은 사람들은 '슈바르츠브로트Schwarz-brot'를 첫손으로 꼽는다. 독일제빵협회 중앙연합에 의하면, 독일에는 3,000개가 넘는 빵 조리법이 등록되어 있다. 최근 독일은 유네스코에 독일 빵을 무형문화재로 인정해달라는 신청을 냈다. 각종 빵과 치즈, 혹은 소시지로 구성된 전통적 저녁식사는 '아벤트브로트Abendbrot'라고 부른다. '브로트차이트Brotzeit'는 '간식'을 의미하는 바이에른 말이다. '프라이하이트 운트 브로트Freiheit und Brot', 즉 '빵과 자유'는 나치가 애용한 슬로건이었다. 전쟁 후 홀로코스트 희생자들의 복수를 위해 600만 독일인을 죽이겠다는 목표를 세웠던 유대인 과격단체 '나캄'은 뉘른베르크 빵 공장에 비소를 가지고 잠입해, 정치범 수용소에 갇힌 과거 친위대원들이 먹을 3,000개의 빵에 발랐다. 2,000명의 죄수들이 그 빵을 먹었지만 사망자는 없었다.

빌리 할아버지가 시장에게 편지를 쓰던 당시,

카를스루에는 여전히 폐허 상태였다.

531,000건의 화재와 백린탄, 22,000톤의 파괴용 폭탄, 420개의 투하 폭탄으로

수만 명의 사람들이 집을 잃었고 수천 명이 다치고 수백 명이 사망했다.

1년 전, 프랑스는 알자스를 해방시키고

카를스루에와 접한 라인 강을 넘어 도시로 쳐들어왔다.

경찰서장과 유더남트(유대국) 국장은

자살했다.

자포자기에 빠진 경찰은 밤새 술을 퍼마셨다.

거리 곳곳에서 전투가 벌어졌지만 창문들에는

이내 백기가 걸렸다.

프랑스군은 기록영화의 극적 배경으로

사용하기 위해, 아돌프 히틀러 광장에 면한 건물들을

비우고 불을 질렀다.

백화점, 도축장, 와인 저장고는 독일군과 프랑스군에게 약탈당했다.

여자들은 겁탈을,

그 아기들은 후에 낙태를 당했다.

옛 동부 지역에서 추방된 수만 명이 식량과 피난처를 찾아 몰려왔다.

유대인들은 마당의 헛간에서 나왔다.

강제수용소 생존자들은 버스에 올라타거나,

갈아입을 옷이 없어 줄무늬 죄수복을 입은 채로

거리를 걸어갔다.

누군가는 꽃과 눈물로

환대받았고,

누군가는 배급 도장을 추가로 받았다는

이유로 분노와 마주쳤다.

악명 높은 나치들은 비나치화 수용소로 끌려갔다.

로베르트 바그너의 아내와 아이들은 스트라스부르 거리 여기저기를 걸으며 전시되었다.

한 진술에 의하면,

바그너의 아내는 파리의 알제리인 사창가로 납치되었고

거기서 스스로 목숨을 끊었다.

로베르트 바그너는 자수한 이후

처형당했다.

이후 연합군은 미군이 카를스루에를 통치할 것을 결정했다.

프랑스군이 사라지고 미국 깃발이

카를스루에의 주요 광장들에 내걸렸다.

빌리 할아버지가 편지를 썼을 무렵의 상황

할아버지의 취업 허가는 정지되고, 사무실은

폭격을 당하고, 차는 프랑스 군인에게

도난당한다.

할아버지는 일용직을 알아보러 다니고,

버는 돈은 이전 수입의 10분의 1에 불과하다.

식량이 부족하다. 안나 할머니는 집 뒤쪽

작은 텃밭에서 채소를 키우고,

달걀을 낳을 닭을 기른다.

시골을 돌아다니며 혼수품과 감자를 바꾸고,

엘자 할머니가 스위스에서 보내준 커피를

암시장에 내다 판다.

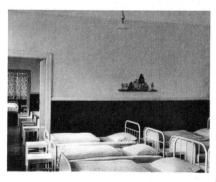

적십자사에서 카린 이모에게 영양실조 진단을

내리고, 프랑스와 독일 어린이들에게 대구간의

기름을 먹여 살찌우는 스위스의 요양소로 보낸다.

집으로 보내는 편지는 연필로 쓰고 직원의 검열을

거친다. 독일 어린이들은 다른 아이들과 떨어져

식사를 하고, 못 먹는 음식이니 뭐니 할 것 없이

접시 위의 음식은 남김없이 먹도록 강요당한다.

Willi R o c k
Faarscaullearer
K a r l s r u m e Rmein
═══════════════════
Neckarstrasse 4)

Karlsrume, den lo.9.46   13

Meldebogen 번호 3256

1946년 9월 10일, 빌리 할아버지는 검찰관에게 편지를 쏜다.

bei der Spruckammer Karlsrume
Oberpostdirektion

제가 1933년 당시 상황 때문에 강제로 입당했다는 것, 국가사회주의 활동에 전혀 참여하지 않았으며 늘 당을 등한시하는 발언을 했다는 것, 어쨌거나 당과 그 조직은 제게 일말의 관심도 없었음을 증명하는 다섯 장의 증언서를 첨부해 보냅니다.

. . .

제 아내는 나치당에도, 국가사회주의 여성동맹에도 들어가지 않았다는 이유로 1939년 7월 1일 우유 가게를 강탈당했습니다. 그것은 지난 21년 동안 부모님이 운영하시다가 아내가 물려받은 사업체였습니다.

. . .

저는 1945년 4월 독일 육군에서 나온 후로 지금까지 운전 교습 일을 할 수 없었습니다. 그러니 제가 이 일을 계속하여 가족(아내와 두 아이)을 부양할 수 있도록 최대한 빨리 결정을 내려주시기를 부탁드립니다. 저는 단순 '동조자'로 봐주셔야 하며 그 등급으로 분류되기를 희망합니다.

두 아이. 가슴이 저리다.

이 편지가 쓰였을 때 우리 엄마는 4개월이다.

갑자기 빌리 할아버지에 대한 마음이 누그러진다.

잠깐 동안 나는, 어쩌면 할머니의 정치적 청렴함이 빌리 할아버지의 부족함을
상쇄해줄 수 있지 않을까 하는 망상에 빠진다.

나는 전화번호부 서가로 가서 1940년 판에서 M 항목을 들춰본다. **Milch** (우유)

항목을 찾아 열을 따라 내려가며 R 자를 찾는다. 안나 할머니의 이름이

나를 도전적으로 쏘아본다. **Rock Anna, Haikingerst. 7**

할머니의 가게는 1940년에도 여전히 영업 중이다. 불안한 마음으로 1941년 판을

꺼내 보니 거기에도 이름이 올라 있다. **Rock Anna** 여전히 같은 주소에.

1942년 판도 마찬가지다. 그런데 이번에는 〈소문에 의하면 프락투어슈리프트 체는 인쇄술 초기에 유대인

이 만든 글자체여서 독일적이지 않다고 공표되었기 때문에〉 안티크바 체로 **Rock Anna** 쓰여 있다.

할머니의 이름은 1944년 판까지 계속 있다가,

얇은 1945/46년 판에서 마침내 사라진다.

우유 가게를 강탈당했다는 건 빌리 할아버지의 거짓말일까? 아니면 아우슈비츠에서

죽은 뒤에도 이 전화번호부를 떠나지 않고 남아 있던 율리우스 히르슈의 이름처럼,

안나 할머니의 이름도 그저 유령처럼 이곳을 떠돈 것일까?

독일의 좋은 것들 | Nº 7 | Die Gallseife

1800년대 중반부터 독일에서 인기를 누리고 있는 '갈자이페gallseife'는 소 쓸개로 만든 비누로, 생물분해 되고 무향이다. 쓸개의 천연소금은 가장 끈질긴 얼룩도 빼주는데, 특히 나무와 식물섬유로 만든 세탁솔 '부르첼뷔르스테Wurzel-bürste'와 같이 쓰면 효과가 더 좋다. 미국에 사는 많은 독일인들은 짧은 세탁 시간(45분 대 2.4시간)과 낮은 물 온도(50도 대 90도)로 인해 표백제를 지나치게 많이 써야 한다고 불평한다. 흰옷에 얼룩이 묻으면 마음이 아주 심란하다. 아무리 '흰옷 모드'에 놓고 세탁해도 내 미제 세탁기는 옷을 원래대로 깨끗하게 돌려놓지 못한다. 그럴 때면 나는 갈자이페와, 1907년 개발되어 시간의 검증을 거친 독일 세탁제 퍼실을 찾는다. 전쟁 후에 이웃과 동료, 친구 들이 나치 동조자로 의심받던 사람들을 위해 써준 증명서들을 어떤 사람들은 '퍼실 증명서'라고 불렀다. 퍼실은 책임지고 당신 셔츠를 눈처럼 하얗게 만들어준다.

빌리 할아버지의 파일에서 다음으로 나온 것은 할아버지의 무죄를 증언하는
다섯 장의 증언서다. 무미건조하고 형식적인 편지들이다.

발터 S., 건축가

"제가 아는 한, 빌리 로크 씨는 절대 나
치당에서 직책을 맡은 일이 없으며 당을
위한 활동에 참여한 일도 없다고 확
증할 수 있습니다. 로크 씨는 한 번도
당 기장을 달지 않았고, 늘 당에 대해
비판적인 말을 했습니다."

1946년 8월 20일

"저는 빌리 로크 씨와 20년 지기입니다…
제가 아는 로크 씨는 인품 좋고 점잖은 동료
이고 오직 일과 가족을 위해 사는 사람입
니다.… 로크는 한 번도 당 기장을 달지 않
았고, 당원처럼 행동한 적도 없습니다."

1946년 9월 3일

오토 H., 운전 교습자

에밀리오 J., 바인하우스 유스트 주인

"저는 이로써… 제 건물에 사무실이 있었
던… 빌리 로크가 절대 나치 활동을 하지
않았다고 증언합니다. 또한 빌리 로크 씨
는 제복을 입은 적도 당 기장을 단 적도 없
었기 때문에, 그가 당원이라는 사실조차
몰랐다고 확실히 말할 수 있습니다…"

1946년 8월 28일

에밀리오의 말이 사실이라면, 빌리 할아버지는 왜
어떤 사진들에서 제복을 입고 있었을까?
역사의 한 순간을 기념하고 싶었던 걸까?

벨기에에서 돌아가지 못할 경우
애국자로 기억되고 싶었던 걸까?

제복을 입으면 가족 앨범 속에서
더 인상적으로 보일 거라고
안나 할머니가 생각했기 때문일까?

아니면 그저 낭만적 전통의 일부였던 걸까?

영어로 쓴 편지 사본을 제출한다.

카를스루에, 1946년 1월 10일

존경하는 카를스루에 시장님께

Re: Proc
cond
Karl

내용 : 카를스루에 네카르슈트라세 45번지
빌리 로크 씨를 통해 제출된
법률 제8조 상고 절차

As a
with who
remarks
former c
N.S.D.A.

공인된 "반파시스트"로서, 저는 수년 동안 알고 지낸 빌리 로 Rock,
크 씨가 절대 투철한 국가사회주의자가 아니었다고 확언드릴 수 o his
있습니다. 로크 씨가 나치당에 입당한 것은 오로지 이전 상황과 압 nly to the
력 때문이었습니다. per of the

Thru
that he
abhorren
offences

로크 씨와 자주 교류하며 저는 그가 국가사회주의당의 방식을 ression
규탄해 마지않는다는 인상을 받았습니다. 로크 씨는 어떤 정치적 범 they were
죄에도 가담하지 않았습니다. political

I ca
ledge in

로크 씨를 가장 잘 아는 지인으로서 저는 이 점을 확언할 수 of know-
있습니다.

존경을 담아,

반파시스트독일연맹 웹사이트에 에리히 W.의 생애가 자세히 실려 있고,
나는 잠시 안도감을 느낀다 :

Karlsruhe, 30. August 1946.
Karl Wilhelmstr. 1b.

다섯 통의 편지 중 맨 마지막은 알베르트 W.라는 상인이 쓴 편지였는데,

E r k l ä r u n g !
========

나에게는 이 편지가 가장 설득력이 있었다.

Mit Herrn   W i l l y   R o c k ,   Karlsruhe-Weiherfeld Neckar=
strasse 45

저는 빌리 로크 씨와⋯ 1926년부터 알고 지냈습니다. 둘 다 칸 브라더스 사에서 일했죠⋯ 1929/1930년에 그 회사를 나온 뒤에도 우리는 1940년 로크 씨가 징집될 때까지 자주 만났습니다⋯ 로크 씨는⋯ 젊은 시절에는 사회민주주의자였고 1933년에는 당시 상황의 압박으로 나치당에 입당했습니다⋯ 1935년 뉘른베르크법(나치의 유대인 차별법)이 발효되자, 로크 씨는 당의 목표를 알았더라면 절대 입당하지 않았을 거라고, 그때부터는 더 이상의 조직 가입은 완강히 거부하겠다고 제게 말했습니다⋯ 그런 내면의 신념으로 인해 그는 일원들에게 제복 착용을 요구하는 활동 조직에는 들어가지 않았습니다. 제 아내가 유대인이라는 사실을 알고 있었음에도 불구하고, 다른 민족과 결혼한 사람들과의 친교를 사람들이 안 좋게 보는데도 불구하고, 로크 씨는 항상 우리 곁을 지켰습니다. 저는 로크 씨가 절대로 활동가가 아니었으며 어떤 나치 활동에도 가담하지 않았다는 사실을 언제라도 맹세코 보증할 수 있습니다.

이 편지를 검토한 사람은 마치 내게 확신을 주려는 것처럼,
편지에서 가장 중요한 주장들에 빨간색으로 밑줄을 쳐두었다.
"그런 내면의 신념으로 인해… 들어가지 않았습니다."
"제 아내가 유대인이라는 사실."

알베르트는 우리 할아버지의 무죄를
무조건적으로 "언제라도 맹세코 보증"한다고 말했다.
나로선 할 수 없었던 바로 그 일.

뱃속 저 아래에서 알베르트의 말들이 느껴진다.
그 고요한 어둠 속에서, 닫혀 있던 뭔가가 열린다.
환하게 빛나는 온기. 뜨거운 물병의 온기.
할아버지를 향한 다정한 애정이.

"운전 교습자 빌리 로크 <u>Willy Rock</u> 에게 소송이 제기된다.
로크는 1933년부터 1945년까지 나치 당원이었다.
또한 국가사회주의 인민복지기구의 일원이기도 했다…
이 당사자를 <u>부역자</u>로 지정하는 조처가 요구된다."

<u>갑자기,</u>

나는

빌리 할아버지

편이 된다.

어쩌면

설문지에서

모른다.

탈당했다고,

인민복지기구에

심지어

우유 가게에

할아버지는

거짓을 말했는지도

1940년에

국가사회주의

들어간 적 없다고,

안나 할머니의

대해서도.

그래도 '부역자'라는 단어를 읽는 순간
가슴이 철렁 내려앉는다.

Spruch

1947년 5월 3일, 할아버지는 검찰관에게 동조자 부류로 하향 조정해줄 것을 청하는 마지막 편지를 쓴다. 3개월 후 최종 평결이 나와 검찰관과 경찰서, 고용국, 군사정부, 정치해방부로 보내진다.

법령에 의하면 이 당사자는 1937년 4월 1일 이전에 나치당에 입당했으므로 부역자 부류에 속한다. 그는 증언서들을 제출함으로써, 입당은 압력에 의한 것이었고 어떤 나치 활동에도 적극적으로 가담한 적이 없으며 늘 당을 비판했음을 입증한다… 추가 증언서들은 당사자가 직업상 국가사회주의 자동차 군단 가입이 자명했음에도 불구하고 온갖 가입 시도를 거부했다는 사실을 증명하고 있다… 그리하여 당사자는 7-9조에 해당하는 위반 사항들을 저지른 적이 없다는 결론에 다다른다… 12I조의 다른 모든 조건들이 충족되므로 당사자는 동조자 등급으로 분류될 것이다. 1947년 2월 5일 시행된 크리스마스 엠네스티 규정에 의해 이 소송은 중지 상태였다.

최종 평결에 나는 안도한다.
나는 빌리 할아버지가 느꼈을 안도감을 상상해본다.
그리고 또한 생각한다. 자신에게 한때
동조자—용기와 도덕적 자세가 부족한 사람, 무리를 따라다니는 동물—
딱지가 붙었다는 사실을 가슴에 품고 산다는 것은 어떤 기분일까.

파일 끝에 다다랐다.

나는 파일을 덮고 탁자를 물끄러미 바라본다. 빌리 할아버지의 목소리와 할아버
지 친구들의 목소리, 할아버지 삶의 방향을 이끌었던 사람들의 목소리가 머릿속에
서 울려 머리가 무겁다. 지난 몇 시간 동안 할아버지, 그리고 나 자신과 나눈
그 모든 대화들 때문에 기운이 모조리 빠져나가버린 기분이다.
그러나 여전히 그 의미는 잘 모르겠다.

나는 고개를 들고 저 아래 밑바닥까지 들어갔던 할아버지의 삶에서
빠져나온다. 표면으로 올라오며 폐에 공기를 채운다.

카를스루에 기록보관소 밖에서 엄마가 차에 앉아 기다리고 있다.
"어땠어?" 보조석에 앉는데 엄마가 묻는다.

엄마 차를 타고 1950년대 국가 재건을 돕기 위해 온 이탈리아 노동자들이 세운
카페들 중 한 군데에 가서 아이스크림을 먹을 계획이다.

"빌리 할아버지는 나치 당원이었어요."
나는 역사 선생님에게 열심히 조사한 보고서를 제출하는 학생처럼
담담하게 자신 있는 어조로 답한다.

"정말?!" 엄마는 뒤로 멀어지는 도로를 물끄러미 바라본다.
"상상도 못했던 일이야."

엄마는 충격을 증발시키기 위해 창문을 내린다.
"음, 그래도 나쁜 사람은 아니었을 거야." 엄마가 말한다.
"좀 겁쟁이 같다는 생각은 늘 했지만."

며칠 뒤 카린 이모가 차를 태워준다. 우리는 할아버지의 옛 아파트와
안나 할머니의 우유 가게가 있던 건물을 지나간다.

"네가 할아버지 입장이었다고 생각해봐." 이모가 말한다.
"아버지는 가족을 부양해야 했어. 특정 정당에 가입하지 않으면
일자리를 잃게 된다고 했을 때, 너라면 어떻게 할 거 같아?"

"일자리를 잃은 건, 유대인들이랑 '정치적으로 신뢰할 수 없는' 사람들이었어요.
당에 들어가지 않은 85퍼센트의 사람들이 아니라."
나는 차분하게 말하려고 애쓰며 대답한다.

"생각해봐. 라디오도 없는데 히틀러의 정치가 어떤 거였는지
아버지가 어떻게 알 수 있었겠어?"

1941년에는
65퍼센트의 가구에
나치의 가장 중요한
정치선전 도구였던

요제프 괴벨스의
국민라디오나
다른 종류의
송신기가 있었다.

"할아버지한테 확실히 라디오가 없었는지 이모는 알아요?" 내가 묻는다.
"아니… 몰라." 이모의 목소리가 조금 부드러워진다.

나는 이모를 비난할 수 없다. 모두에게 아버지는 한 명뿐이니까.

13.
벗겨지는
벽지

나는 평생 처음으로 아빠의 조카이자 내 사촌인 미카엘을 만나러
퀼스하임의 이웃 마을로 가고 있다.

유독 무더운 날씨나
퀼스하임의

연례 와인축제에
대해 택시운전사와
잡담을 나누어도
불안감이
떨쳐지지 않는다.

나는 부모님 댁 지하실에 보관되어 있던 마리아 할머니의 큰 병에서
조그만 병에 따라 선물로 가져온
자두 슈납스를 꼭 쥐어본다.

아마 사촌과 그 가족과의 만남을 생
각보다 편하게 만들어준 것은 동물들
이었을지도 모른다—미카엘과 내가
주변의 포도 농장을 바라보고 있을 때
가만히 서 있던 말들, 미카엘이 자기 동물
병원 내부를 구경시켜줄 때 화장실 새장 안에서 우리를 빤히 보던 앵
무새, 미카엘의 아내와 정원을 둘러
볼 때 멀찍이 떨어져서는 수풀 뒤
에서 쳐다보던 고양이들, 미카
엘의 딸들과 처음 어색한 대
화를 나눌 때 연못 물 밑에서
모른 척하고 있던 거북이들, 그릴에서 파티오의 탁자로
음식을 날라 갈 때 축축한 코로 우리를 슬쩍 찌르던 개들.

우리는 소시지와 감자샐러드, 그리고 (이제는 견딜 수 없을 정도로
독해진) 마리아 할머니의 자두 슈납스를 먹고 마시며 지난
수십 년 동안 못다 한 이야기를 나눈다. (여기서 삼촌과 아
빠를 부르는 이름인) "큰 프란츠-카를"과 "작은 프란츠-카
를"에 대해 이야기한다. 그리고 미카엘의 아내에 따
르면, 전쟁에 대해서도 두 명의 프
란츠-카를에 대해서도 말한 적이 없는 안네마
리 고모에 대해서도 이야기한다.

미카엘은 안네마리 고모가 말해준 사실, 그러니까 아빠가 대학교수이고 프랑스에 별장—사실은 매력적인 만큼이나 곰팡이가 가득한 대충 수리한 조그만 농가—을 가지고 있다는 것 외에는 우리 아빠에 대해 거의 아무것도 모른 채 자랐다.

"큰 프란츠-카를 삼촌의 죽음이 어머니가 네 아버지에게 유감을 갖게 된 이유와 관련 있는 것 같아." 미카엘이 말한다.
"오셨다고, 어머니께 말씀드렸거든요."
그의 아내가 덧붙인다.

"다음번에는 만나시도록 설득해볼게요."

사촌의 집을 떠날 무렵에는 텅 빈 포도 농장과 숲에 어둠이 내려앉아 있었다. 사람을 보이지 않게 만드는, 심지어 자기 자신마저 볼 수 없게 만드는 그런 어둠이었다.

나는 택시 뒷좌석에 앉아 옆을 스쳐 지나가는 잠든 나무들의 그림자를 바라본다.

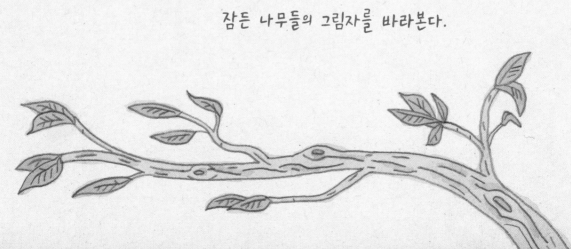

창문을 열고 어둠을 안으로 들인다.
금이 간 가족 관계를 회복하려면 무엇이 필요할까?

대기는 귀뚜라미 울음소리로 가득하다.
그 향기로운 촉촉함에 안도감이 느껴진다.

다음 날 나는 미카엘의 누나 이리스—약 30년 전 안네마리 고모 집 문간에서 오빠와 내가 봤던 사촌—에게 전화를 걸지만, 이리스는 내 이름을 알아듣지 못한다. 나는 소심하게 내가 누구인지 밝히고 만나고 싶다고 말한다.

이리스는 안네마리 고모의 바로 옆집인 증조할아버지 할머니의 농가에서 살고 있다. 고모와 갑자기 너무 가까운 곳에 있게 되자 평정심을 유지하기가 힘들다. 하지만 마구간을 지나고 안뜰을 가로질러 집 안에 들어가 아빠와 프란츠-카를 삼촌이 매일 오르던, 녹색 이파리무늬가 그려진 계단을 오르자 마음이 좀 편안해지기 시작한다.

부엌에 들어가 식탁 위에 놓인 홈메이드 케이크를 보자 이리스도 나만큼이나 이 만남을 기뻐하고 있다는 걸 깨닫는다. "알로이스 할아버지가 나치에 반대하는 소리를 해서 감방에 갔다는 소문이 있지만," 이리스가 말한다. "난 사실이라고 생각 안 해."

이리스는 오래된 농가를 구경시켜주며 벽에 걸린 디즈니 밤비 조각들을 가리킨다. 나무를 자르고 색을 칠해 만든 조각들이다. "큰 프란츠-카를 삼촌이 엄마한테 만들어준 거야." 이리스가 말한다. 죽은 오빠의 사랑이 담긴 선물이 오빠를 영원히 기념하는 물건이 된다.

이리스가 슈타이너트 씨의 사진을 보여준다. 프란츠-카를 삼촌의 공책에 빨간 펜으로 첨삭을 하고 "St"라고 서명했던 선생님이다. 나는 슈타이너트 씨를 물끄러미 바라본다. 내가 상상했던, 삼촌 교실에 서 있는 다부지고 수염 난 남자와는 너무나 다른 모습이다.

사진은 자기 아들과
안네마리를 데리고 간
소풍에서 찍은 사진이다.

그는 베어마흐트 벨트를
하고 있고,
나치 지역 신문인
〈폭스게마인샤프트〉 한 부가
그의 앞 풀밭 위에 놓여 있다.

삼촌은 사진 속에 없지만 존재를 느낄 수 있다. 고모의 나이로 추측건대 그 사진을 찍었을 무렵 삼촌은 열두 살쯤 되었을 것이다. 삼촌이 독버섯 이야기를 쓴 나이, 삽화가 그려진 삼촌의 공책을 내가 처음 발견했을 때의 나이다. 잠깐 동안 삼촌의 어린 시절이 내 어린 시절과 뒤섞인다.

슈타이너트 씨는 옆집에 살았다고 이리스가 말해준다. 그는 군에 징집당해 전쟁에 나갔고 다시는 돌아오지 않았다. 전쟁이 끝났을 때 그의 부인은 황금색 나치 기장을 야외 변소에 던져버렸다.

이리스의 남편과 미카엘의 가족이 와서 함께 커피를 마신다. 케이크 한 조각을 먹은 후 나는 아빠의 침실이었던 다락방을 볼 수 있느냐고 묻는다. 다락방에 올라가 아빠의 방에 서자 아빠가 들려준 어린 시절 이야기들이 생각난다. 문득 종이에 베인 것 같은, 얕지만 날카롭고 정신이 아득해지는 고통이 나를 휘감는다. 물려받은 기억마저 고통을 주는 법이다.

그 방은 오래전 창고로 개조되었다. 지저분한 페인트 통과 유리병들이 바닥 한 가운데 내버려져 있다. 대리석 한 조각과 오래 방치되어 뿌옇게 변한 채 먼지를 뒤집어쓴 거울이 벽에 기대어 서 있다. 아빠가 이곳에 있었다는 사실을 상기시키는 물건은 구석에 놓인 텅 빈 찬장, 벽에 붙은 더러운 세면대, 바래고 벗겨져가는 벽지뿐이다. 안정적으로 반복되는 패턴 속에서 밤비와 토끼 친구들은 상냥한 인상의 올빼미와 외로운 수사슴, 무리 지어 자라난 버섯들을 지나 절대 닿지 못할 벗겨져가는 숲을 향해 달려간다.

이리스의 남편이 벽지 조각을 가져가 아빠에게 보여주라고 한다.

미카엘의 막내딸이 벗겨진 벽지를 한 조각 찢어내어 내게 건넨다.

이곳에 서 있으니,
반쯤 텅 빈 방이 된 기분이다.
끝도 없이 켜켜이 발린 벽지들이
이전의 벽지를 드러내고 있는 방.

아빠는 벽지를 기억하지 못한다. 하지만 내가 찍은 사진들 속의 나무 조각들과 뒤쪽의 사인은 즉시 알아본다. "이건 내 사인이야! 이건 형이 만든 게 아니야. 내가 만든 거야!"

아빠 말이 맞았다. <밤비>는 나치가 월트 디즈니 영화들을 금지하고 1년 후인 1942년에 개봉했다. 이 흰 꼬리 사슴은 1950년이 되어서야 독일 극장들에 걸릴 수 있었고, 그즈음 우리 삼촌은 이미 세상에 없었다.

그동안 안네마리 고모의 가족들은 우리 아빠가 만든 조각들을 죽은 삼촌의 사랑의 징표라고 내내 생각해왔다. 큰 프란츠-카를의 존재를 기억하고 그 동생의 존재를 지우는 징표.

내가 다녀가고 몇 달 후, 발다가 1960년 동독 잡지 <노이에 베를리너 일루스트리에르테>에 마리아 할머니에 대한 기사가 실렸다고 말해준다. 나는 이베이에서 잡지 한 권을 찾아낸다. 마리아 할머니가 서독의 재무장에 반대하는 서독 친공산주의당인 '독일연방당'에 가입해 주 대표로 출마했기 때문에, 그 잡지에서 "애원도 기도도 소용없다"라는 기사의 소재로 마리아 할머니를 택했던 것이다.

Bitten und beten zwecklos

Bittere Erkenntnis für 80 württembergische Bauern

> "농부 마리 크루크는 막사가 지어질 운동장으로 우리를 데려가 군사훈련소로 만들기 위해 베어낼 숲을 가리켰다. 그녀도 10에이커의 땅을 빼앗길 것이다. '그러면 전 사실상 파산하는 거예요.' 그녀는 말했다. 퀼스하임에서 가장 오래된 농장들 중 하나를 소유한 크루크는 필사적이다. 그녀는 수천의 서독 주민과 비슷한 상황에 처해 있다."

Ho[...]
mar[...]
Mar[...]
Pan[...] Panzer
urte[...]

ches Bild aus Adenauers Staat. Wie Panzer sollen nach dem Willen von [...]ter Strauß bundesdeutsche Panzer r und Straßen von Külsheim rollen.

Am [...] nur [...] berbi[...] das [...] heim [...] der T[...] Baue[...] des[...] 600 [...] Nutz[...] Fruch[...] Trupp[...] desw[...] Offiz[...] Stan[...] det [...] loren[...] mand[...] Baue[...] wehr[...] sich, [...] Brief[...] gen [...] die F[...] Waru[...] vergr[...] Entsp[...] raubt[...] frucht[...] haup[...] heit [...] wurde[...] eignu[...] "Land[...] geleit[...] ten il[...] um [...] gega[...] aber als treue Diener der Bon-ner Landräuber. Langsam lern-ten die Bauern, sich nur auf die eigene Kraft zu verlassen. Sie denken nicht daran, zu den 300 000 Kleinhöfen zu ge-hören, die nach einer Bekannt-gabe des Bonner Staatssekre-tärs Sonnemann „über die Klinge springen" sollen. Die Külsheimer werden sich gegen die Landräuber zur Wehr setzen.

> "퀼스하임은 오덴 숲 가장자리에 자리하고 있다. 지난 몇 달 동안 이 마을은 온갖 지옥 같은 일들을 겪어왔다. 연방 국방부의 명령으로 이곳 농부들의 땅 1,500에이커가 강탈당할 위협에 처해 있는 것이다… 지금 그들은 항의하고 있다… 그들은 정부에 요구한다. 평화와 자유를 위해서라고 주장하면서 왜 우리의 비옥한 농지를 강제로 빼앗으려 하는가?…"

Räummaschinen auf frucht- barem Bauernland

Frühling 1960 in Westdeutschland. Kein Pflug, sondern Räummaschinen rattern über den Acker und bereiten den Aufbau der Offiziersvillen vor. Die Bäuerin Marie Krug zeigte uns die Kanalisation; führte uns zum Sport-platz, der für den Bau von Kasernen vorgesehen ist; wies auf den Wald, der für das Übungsgelände gefällt werden soll. Ihr selbst will Bonn vier Hektar Land rauben. Sie sagte uns: „Dann bin ich praktisch ruiniert." Ihren einst 45 Hektar großen Besitz mußte sie nach dem tödlichen Unfall ihres Mannes schon auf 13 Hektar reduzieren. Vorläufig soll sie jetzt nur noch neun behalten. Nutzlos stehen auf ihrem großen Hof die Stal-lungen und Scheunen. Sie sind leer. Bäuerin Krug, deren Hof in Külsheim mit zu den ältesten gehört, ist ver-zweifelt. Ihr Beispiel steht für Tau-sende ähnlicher Fälle in Westdeutsch-land. *Text: U. Gebhardt, Fotos: H. E. Schulze.*

Golden glänzt der alte Opferstock in der Sonne. Heute stellen die Bauern keine mehr auf. Gegen Gewalt hilft doch kein Beten.

Bitter sind die Tränen der Marie Krug. Im letzten Krieg hat sie ihren Sohn verloren. Jetzt soll sie nun nach und nach um den Rest ihres ererbten, einst reichen Hofes gebracht werden.

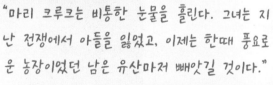

"마리 크루크는 비통한 눈물을 흘린다. 그녀는 지난 전쟁에서 아들을 잃었고, 이제는 한때 풍요로운 농장이었던 남은 유산마저 빼앗길 것이다."

Ob im Odenwald, in Hessen o[...] im Westerwald

überall trifft man auf Spuren der Aufrüstung, auf Beispiele der friedensfeindlichen Bonner Politik. Solche Schilder, wie unter dem Wegweiser nach Stein (links oben), sind auf den kahlen Höhen des Westerwaldes keine Seltenheiten. Viel Land liegt hier schon brach. Ackerboden, auf dem für den Krieg exerziert werden soll. Die Bauern von Stein (rechts) erwarten täglich die Vertreter der Flurbereinigungskommission. Aber sie wollen ihr Land nicht auch noch hergeben, wollen sich wehren. So wie es die hessischen Bauern in Haßloch taten. In ihren Wäldern sollten Raketenabschußbasen stationiert werden. Gemeinsam mit ihrem Pfarrer, Heinrich Grisshammer aus Hitzkirchen (links unten), traten sie öffentlich immer wieder für eine „friedfertige Politik" gegen den „Untergang durch Aufrüstung" ein. Pfarrer Grisshammer ist entschlossen, gemeinsam mit den Bauern und Bürgern von Haßloch nicht nachzugeben, so lange den Kampf zu führen, bis die Atomgefahr endgültig gebannt ist.

이 기사가 나오고 얼마 안 있어, 또 다른 지역 신문에서 서독 반공산주의 프로파간다의 맥락에서 응답 기사를 낸다. "그 기사는 새빨간 거짓말"이라고 이 기사는 주장한다. 크루크 부인은 자신이 잃게 될 모든 땅에 대해 넉넉한 보상금을 받을 것이고, 크루크 부인의 땅에 지어지고 있는 것은 막사가 아니라 마을 사람들을 위한 새집들이라고. "마리 크루크의 비통한 '눈물'은 실로 비통하지만, 그것은 그녀가 부당한 일을 당하고 있기 때문이 아니라, 어떤 일도 서슴지 않고, 철면피를 쓰고 거짓말을 하며, 해방된 서독에 사는 그 누구도 대표한다고 주장할 권리가 없는 대의를 그녀가 대표하고 있기 때문이다… 우리가 할 말은 '이런 후보자를 가진 독일연방당을 축하한다'는 것뿐이다."

기사가 나왔을 때, 집을 떠나 기숙학교에 가 있던 우리 아빠를 제외하고 킬스하임의 모든 주민들이 이 기사를 읽었다. 그즈음 안네마리 고모는 내가 킬스하임 기록보관소에서 찾아낸 그 편지를 썼다. "농부였고 오늘날 저 땅을 경작하고 있었을 우리 오빠가 지난 세계대전 때 죽은 게 우리 잘못이라고 할 순 없잖아요."

"기사를 읽은 소감이 어때요?" 나는 아빠에게 묻는다.
"글쎄. 뭐 특별한 감동은 없어. 어머니가 진짜로 친공산주의자였다고도 생각 안 해. 그저 특별한 사람이 되고 싶었겠지."

열대덩굴식물 같은 잡초들이 말채나무를 타고 올라가 있다. 하늘 높이 새로 뻗은 장미관목 가지들이 균류에 뒤덮여 있다. 풀밭에서는 누렇게 죽은 딸기들이 썩어가고 있다. 고양이들이 나를 보고 달려와 우리 사이를 막고 있는 울타리를 뛰어넘는다. 고양이들이 울고 가르랑거리고 내 다리를 맴돌며 밥통이 거의 다 비었다고 알린다.

이 녀석들이 전쟁과 역사와 죄의식에 대해 무엇을 알겠는가?

엉망이 된 집 안을 정리하고 있으니 단순한 만족감이 찾아온다. 하지만 잡초를 베어내고 회양목을 자르고 장미 가지치기를 하는 동안, 죽은 잎사귀들을 줍는 동안, 내 마음속은 온통 빌리 할아버지와 프란츠-카를 삼촌, 떠나 있는 동안 함께 이야기를 나누었던 사람들 생각으로 가득하다. 조각나버린 친척들의 존재는 발굴해냈지만 그걸 어떻게 다시 이어 붙일 수 있을지 방법을 모르겠다.

14.
눈부신 빛

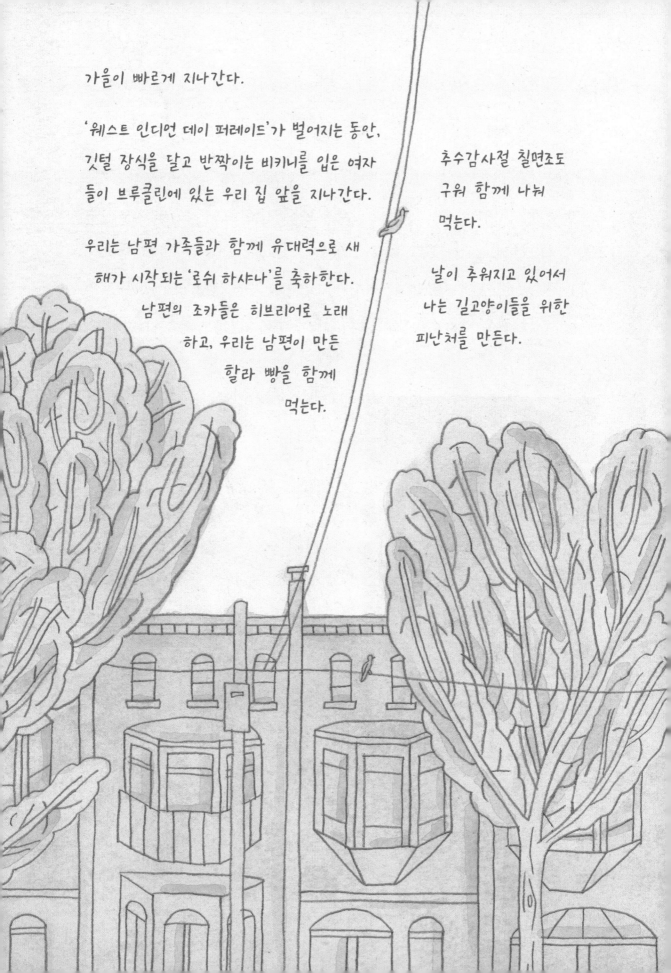

가을이 빠르게 지나간다.

'웨스트 인디언 데이 퍼레이드'가 벌어지는 동안,
깃털 장식을 달고 반짝이는 비키니를 입은 여자
들이 브루클린에 있는 우리 집 앞을 지나간다.

우리는 남편 가족들과 함께 유대력으로 새
해가 시작되는 '로쉬 하샤나'를 축하한다.
남편의 조카들은 히브리어로 노래
하고, 우리는 남편이 만든
할라 빵을 함께
먹는다.

추수감사절 칠면조도
구워 함께 나눠
먹는다.

날이 추워지고 있어서
나는 길고양이들을 위한
피난처를 만든다.

몇 주 후 엄마에게 전화를 한다. 엄마는 빌리 할아버지의 군대 파일 사본을 받았다. 엄마가 코맹맹이 소리를 낸다. 그게 감기 때문이 아니라는 걸 나는 안다.

"아버지도 고통을 겪었다는 생각은 정말 못했어." 엄마가 이렇게 말하고 코를 푼다. "나치당 입당에 관한 이야기를 읽는 건 쉽지 않았어. 왜 그래야 한다고 생각했는지 진짜 궁금해. 아버지는 영웅이 아니었어. 하지만 절대 끔찍한 짓을 한 적은 없다고 난 여전히 확신해. 유대인 여자 남편이 아버지를 위해 쓴 편지를 읽으니 안심이 되더라. 약간은 마음의 짐을 내려놓은 기분이야."

할아버지 이야기를 할 때 보이곤 하던 지친 기색은 이제 사라지고 없었다. 어쩌면 엄마는 빌리 할아버지의 파일을 통해 처음으로 할아버지가 어떤 사람이었는지 볼 수 있었는지도 모른다. 엄마가 자라면서 알던 사람—억압되고 얌전빼는 전후 중산층 사회에 갇힌 아버지—이 아니라 전쟁을 겪은 사람, 엄마가 살아서 지금 현재의 모습이 되게 하려고, 나를 낳고 현재의 나를 만들어 준 여자가 되게 하려고 생계를 꾸리기 위해 열심이었던 사람으로.

엄마는 다시 코를 풀지만, 나 역시 울고 있다는 것은 알지 못한다.

겨울이 오고, 내 머릿속은 여전히 알베르트 W.에 대한 생각으로 가득하다. 빌리 할아버지의 무죄를 "언제라도 맹세코" 무조건적으로 보증한다는 편지, 지금까지 내가 짊어지고 있던 죄의식으로부터 할아버지를 해방시켜주려는 편지를 쓴 사람.

그 사람과 어떻게든 이야기를 나눠봐야 한다.

나는 더 알아보기 위해 구글을 뒤진다.

미국에는 몇 명의 알베르트 W.가 살고 있지만, 셀마와 짝으로 나오는 사람은 한 명뿐이다.

하지만 다음 순간 구글이 내 희망을 꺾어버린다.

두 개의 부고 기사가 알려주는 바, 알베르트와 셀마는

빌리 할아버지와 같은 해인 1988년 사망했다. 또다시 내가 한발 늦었다.

그분들에게 자식이 있다면?

그들은 부모의 친구들을 알았을까?

구글 검색 결과, 알베르트와 같은 성을 가진 사람은 두 명이다. 알베르트와 셀마가 살았던 뉴저지 주 같은 동네에 살고 있는 것으로 등록되어 있고 플로리다에 주소지가 하나 더 있는 월터 W.

그리고 이웃한 뉴저지 주 동네에 살고 있는 앨버트 W. III이다.

나는 두 사람에게 내 이메일 주소를 첨부한 편지를 써서 우편으로 보낸다.

며칠 후, 앨버트 W. III의 메시지가 내 이메일 편지함에 도착한다. 자기 가족은 가톨릭이고 대대로 벌채 노동자로 일했으며, 1763년 독일 남부의 숲 지역에서 이민 왔다는 내용이다. 이 사람은 내가 찾는 사람이 아니다.

플로리다에서는 아직 답장이 없다.

공공 기록에 따르면, 월터 W.의 플로리다 주소지 저택은 1999년 구입한 집이다. 월터가 은퇴 후 플로리다에서 겨울을 나고 있다면, 아마 지금 칠팔십 대 정도 되었을 것이다. 부모님이 빌리 할아버지와 비슷한 시기에 태어났다면, 그리고 그분들이 이십 대나 삼십 대 초반에 아이를 가졌다면, 산술적으로 이 사람이 우리 할아버지 친구의 아들일 가능성이 있다.

나는 구글 스트리트 뷰에서 월터 W.의 플로리다 주소를 찾아 모니터 속에서 그 길을 따라 내려간다. 잔디밭이 짧게 깎여 있다. 완벽하게 관리된 집들이 파스텔색으로 칠해져 있다.

월터의 집은 밝은 하늘색이다. 집 앞에는 야자나무 한 그루가 흐트러진 머리를 하고 당당하게 서 있다. 집 뒤쪽 샛강 둑에는 녹색 관목 새싹들이 움터 있다. 콩팥 모양으로 생긴 수영장이 말없이 친구를 기다리고 있다.

지금 전화를 걸려는 사람에 대해 나는 아무것도 모른다. 하지만 이제 적어도 집의 앞쪽은 볼 수 있다.

나는 기다린다.

나는 거실 이쪽 끝에서 저쪽 끝까지 두 번 걷는다. 깔개 모양을 바로 하고 엉킨 술을 가지런히 정리한다.

그런 다음 식탁 위 전화기를 들고 월터의 주소지에 적힌 전화번호를 누른다.

연결음이 한 번, 두 번, 그리고 세 번 울린다. 속이 울렁거리는 걸
꾹 참는다. 보이지 않는 낯선 이에게 당신 아버지가 나치 당원이
었던 우리 할아버지를 옹호하는 편지를 썼느냐고 물어봐야 한다.
네 번. 이 사람이 다른 사람의 아들이라면?
다섯 번. 홀로코스트로 죽은 집안의 사람이라면?
여섯 번. 그런 사람이라면 나치 당원의 손녀가 일방적으로 건
전화에 어떻게 반응할까?

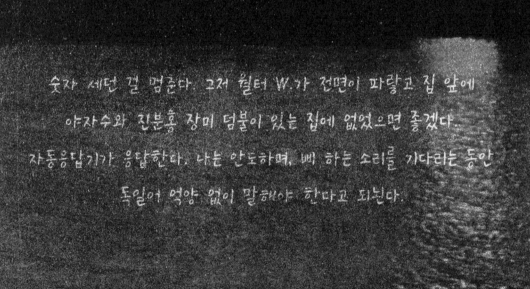

숫자 세던 걸 멈춘다. 그저 월터 W.가 전면이 파랗고 집 앞에
야자수와 진분홍 장미 덤불이 있는 집에 없었으면 좋겠다.
자동응답기가 응답한다. 나는 안도하며, 삐 하는 소리를 기다리는 동안
독일어 억양 없이 말해야 한다고 되뇐다.

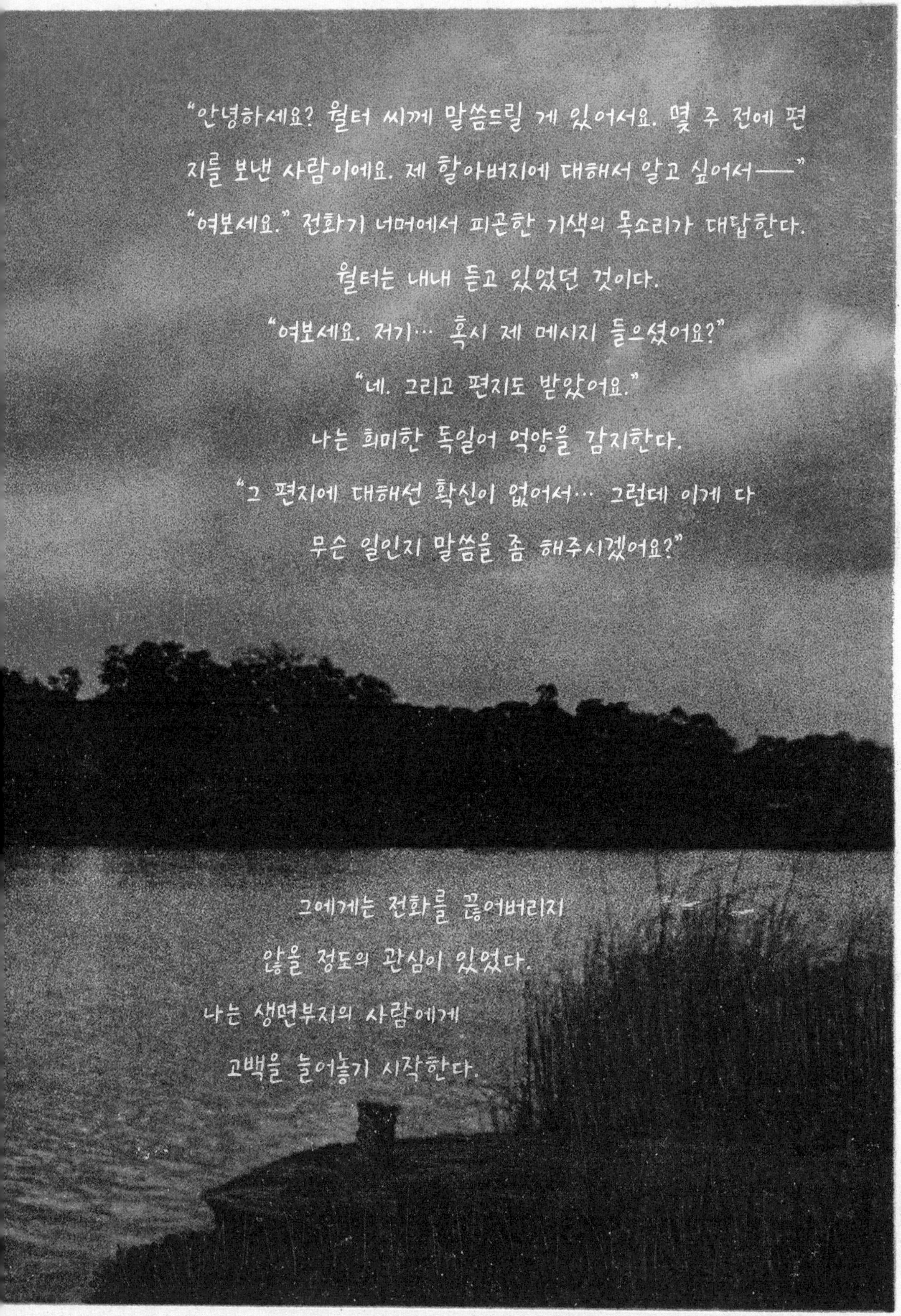

"안녕하세요? 월터 씨께 말씀드릴 게 있어서요. 몇 주 전에 편지를 보낸 사람이에요. 제 할아버지에 대해서 알고 싶어서——"

"여보세요." 전화기 너머에서 피곤한 기색의 목소리가 대답한다.

월터는 내내 듣고 있었던 것이다.

"여보세요. 저기… 혹시 제 메시지 들으셨어요?"

"네. 그리고 편지도 받았어요."

나는 희미한 독일어 억양을 감지한다.

"그 편지에 대해선 확신이 없어서… 그런데 이게 다 무슨 일인지 말씀을 좀 해주시겠어요?"

그에게는 전화를 끊어버리지 않을 정도의 관심이 있었다. 나는 생면부지의 사람에게 고백을 늘어놓기 시작한다.

구글 스트리트 뷰는 월터가 사는 플로리다 동네가 사시사철 햇살 가득한 곳임을 보여준다. 서리로 뒤덮인 브루클린의 우리 집 창문 너머로는 카리브인 이웃의 낡고 빛바랜 분홍색 플라스틱 플라밍고들이 함박눈에 무겁게 짓눌리고 있는 모습이 보인다. 우리의 뒤뜰은 달걀껍질처럼 매끈히 하얗고, 어떤 길고양이도 그 깨끗함을 감히 흩트리지 못한다.

월터의 동네에도 길고양이들이 있을까?

월터에게
빌리 할아버지 이야기를 하면 할수록
점점 더 마음이 불편해진다.

마음이 불편해질수록
독일어 억양이 점점 더 강해진다.

어쩌면 지금 이 순간, 월터의 집 위로 플라밍고 떼가
날고 있을지도 모른다. 야자수에서 떨어진 잘 익은
코코넛 열매가 짧게 깎은 잔디밭 위에 피곤한 듯
툭 내려앉고 있을지도 모른다.

나의 독백이 이어지는 내내 수화기 너머에서 연속적으로 들려오는
나지막한 '네' 소리만이 월터 W.가 듣고 있다는 사실을 확인시켜준다.
그렇다면 이제 그쪽이 말할 차례다.

"당신이 찾고 있는
　　사람들은——

　　　　　　　　네, 우리 부모님이
　　　　　　　　　맞습니다."

갑자기, 브루클린의 우리 집과 구글 맵 속의 집이 단번에 연결된다. 집을 확대해 보니 화단 가장자리에 조그맣게 모여 핀 클로버들이 보인다. 정성껏 손질한 집 앞 재스민 나무에 흰 이끼가 조그만 얼룩들을 만들고 있는 게 보인다. 살짝 기울어진 장미 덤불 가지를 쇠막대로 살짝 지탱해놓았다.

이제 세심하게 자른 백발을 살짝 기울이고선 수화기를 받치고 소파에 앉아 있는 월터의 모습도 상상해볼 수 있다.

나는 할아버지 친구의 아들을 찾았고,
내 독일어 억양에 대해서는 완전히 잊어버렸다.

"당신이 보낸 편지가 사회보장연금 사기일지도 모른다는 생각이 들어 답장을 하지 않았어요." 월터가 말한다. 이제 빌리 할아버지의 이야기를 알게 되었으니 그 역시 두려움 없이 자기 이야기를 한다.

월터는 1931년 카를스루에에서 태어났다.

부모님은 그가 세례를 받는 게 좋겠다고 생각했다. 뉘른베르크법이 발효되자 그들은 더 이상 아이를 갖지 않기로 결정했다.

그들은 빌리 할아버지의 집에서 몇 블록 떨어진 아파트 건물에서 살았다.

안녕하세요, 로크 씨!

W. 가족은 같은 건물에 사는 사람들과 두루 잘 지냈지만 2층 블록 관리인만은 예외였다고 했다. 그는 반려동물을 포기하지 않으려는 유대인 주민들을 고발하고 '유덴프로인데',

즉 유대인 친구들을 만나러 오는 기독교인들을 당국에 보고하는 일을 하는 사람이었다.

관리인은 월터와 계단에서 마주칠 때마다 딴 곳을 보며 휘파람을 불기 시작했다.

월터의 어머니가 기독교도와 결혼했기 때문에, 그들의 결혼은 "특혜"로 간주되었다.

그래서 그들은 '유덴하우스Judenhaus'로 이주할 필요가 없었고, 셀마는 다윗의 별을 달지 않아도 됐고, 귀르스 수용소로 이송될 운명을 피했다.

1944년, 수천 명의 기독교도 남자들이 유대인 여자들과 결혼했고 "1,2등급 혼혈인들(한명 혹은 두 명의 유대인 조부모를 둔 기독교도)"은 '토트 Todt 조직', 즉 창설자 프리츠 토트의 이름을 딴 군사 조직에 들어가야 했다. 원래는 지원자들로 구성된 조직이었는데, 나중에는 강제수용소 억류자, 전쟁 포로, 강제노역자, 군대에서 불합격 판정을 받은 독일인들도 들어가야 했다. 그중 일부는 가장 위험한 전투 지역으로 보내져 요새와 미사일 발사대를 만들었다.

"다들 이 조직을 t를 빼고 '토트Tod 조직'이라고 불렀죠," 월터는 말한다. "간 사람들 대부분이 돌아오지 못했으니까요."

'토트'는 '죽음'을 의미하는 독일어 단어이다.

월터의 아버지가 소집되었을 때 그는 살아서 돌아오지 못하리라는 것을 알았다. 그는 공포에 질려 복도 맞은편에 사는 도시고용과 직원인 친구에게 조언을 구했다.

"그분이 아버지에게 신체검사 전에 설탕을 많이 먹으라고 했어요.

아버지는 당뇨가 있었거든요, 그래서——"

월터의 목소리가 갈라진다.

플로리다 어딘가의 파란색 집 안에서, 한 남자가 70년 전 한 이웃이
진정한 친구로 등장했던 순간을 떠올리며 울고 있다.

"──그래서 아버지가 신체검사를 받았을 때 혈당수치가
아주 높게 나왔어요. 그리고 조직에 부적합하다는 판정을 받았죠."

"많은 사람들이 도와주려고 했나요?"

"네, 많은 사람들이 그랬어요. 우리 아버지는 정육업자 밑에서 일했는데,
어머니가 테레지엔슈타트로 강제이송될 거라는 소식을 듣자──"

"힘든 질문들을 드려서 죄송해요."
"괜찮아요. 제가 가끔 좀 감상적이 돼서." 월터가 상냥하게 말한다.
그 영어에서 내가 너무나 잘 아는 남부 독일의 억양이 느껴진다.

"부모님을 굉장히 사랑하셨나 봐요."
"맞아요. 아버지는 어머니를 보호하기 위해 할 수 있는 일은
다했어요. 아버지가 늙고 병들었을 때는
어머니가 아버지를 위해 똑같이 했고요."

월터가 떨리는 숨을 몰아쉰다.

"하여간 어머니가 강제이송될 거라는 말을 듣더니 그 정육업자가 숨겨주겠다고 했어요. 하지만 부모님은 그분이 도리어 위험에 처할까봐 거절했죠. 그래서 어머니는 테레지엔슈타트로 갔어요."

수용소에 갇혀 있던 친구가 암호화된 메시지를 보내주었기 때문에 월터의 부모님은 수용소 내부의 상황을 파악하고 있었다. '마가와 린에게'로 시작되는 편지가 오면 답장을 보낼 때 마가린을 함께 부쳐달라는 뜻이었다.

1945년 초, 셀마는 "특혜"를 잃고 출발 소집을 받는다. 월터는 열네 살이었다. 집합 장소에서 월터가 어머니에게 작별인사 하는 모습을 본 어떤 여자가 "가엾은 것"이라고 말했지만, 그는 그 말뜻을 이해하지 못했다.

1945년 공습으로 월터의 동네가 초토화된 후, 월터와 아버지는 도시에 남아 있던 유대인들이 살고 있던 집으로 들어갔다.

그중 하나는 나치가 봐준 러시아인 의사였는데, 그가 소와 돼지의 피를 빈혈이 있는 독일 병사들에게 수혈하는 연구를 했기 때문이다.

전쟁이 끝나고 몇 달 후 셀마가 수용소에서 돌아왔다. 1년 후, 월터의 아버지는 빌리 할아버지의 무죄를 보증하는 편지를 썼다.

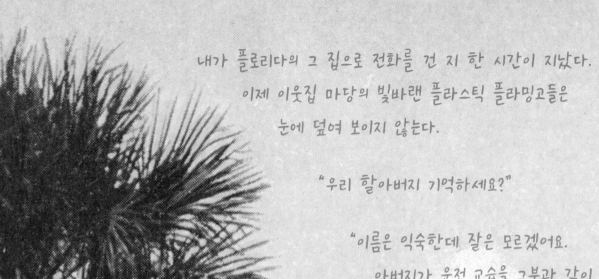

내가 플로리다의 그 집으로 전화를 건 지 한 시간이 지났다.
이제 이웃집 마당의 빛바랜 플라스틱 플라밍고들은
눈에 덮여 보이지 않는다.

"우리 할아버지 기억하세요?"

"이름은 익숙한데 잘은 모르겠어요.
아버지가 운전 교습을 그분과 같이
했던 것 같기도 하고."

"할아버지가 한 일, 혹은 하지
않은 일을 정확히 알고 싶어요."

"나치 정권에 반대하고 부모님을
도와주기 위해 최선을 다한 친구들이 많았어요.
분명히 당신 할아버지도 그런 부류일 겁니다."

"그랬으면 좋겠어요. 카를스루에에 다시 가보신 적 있으세요?"

"네, 여러 번 갔어요. 독일 문화에는 좋은 점들이 많아요. 독일어 책도 많이
가지고 있죠. 독일 사람들과 이야기를 하면 진짜 대화를 하는 느낌이에요.
내 생각에는 독일을 일찍 떠난 사람들이 독일을 더 많이 원망하게 됐던 것
같아요. 거기 남아 독일 사람들 또한 고통을 겪는 과정을 지켜본 사람들보다요.
독일은 배상금을 많이 지불했죠."

월터 이야기를 듣는 동안, 나는 내가 아는 것에는 한계가 있을지도
모른다는 사실을 서서히 받아들이기 시작한다. 빌리 할아버지가 무슨
생각을 했는지, 무엇을 보고 들었는지,
무얼 하겠다고 혹은 무얼 하지 않겠다고 결심했는지,
어떤 일들을 할 수 있었는지 혹은 하지 못했는지,
그래야 했던 이유가 무엇이었는지
나는 절대 정확히 알 수 없을 것이다.
적극적으로 가담했건 아니건, 빌리 할아버지는 나치당에
입당함으로써 잔인한 정권의 대의를 추진해나가는 과정에
불가피하게 공헌했다. 빌리 할아버지가 절대 제복을 입지
않았다거나, 진짜로 우유 가게를 나치에 몰수당했다거나,
유대인 고용주를 헛간에 숨겨주었다거나, 할아버지의 반
또는 1/4이 유대인이라는 증거를 찾아낸다면
내 인생이 달라질까?
아니면 내가 할아버지의 죄를
증명할 수 있었다면, 할아버지가 뼛속까지
나치였다는 걸 한 점 의혹 없이
확실히 알게 됐다면,
살아가는 게
좀더 쉬워질까?

"죄의식 가지지 말아요."
월터가 부드러운 어조로 말한다.
그 말로 그는,
과거 그의 아버지가
우리 할아버지에게
해주었던 것과 똑같은 일을 한다.
그는 나를 위한 증언서에 서명한다.

용서받지 못할 죄에 대한 용서를 받아들일 수 없다는 것을 알지만, 개인의 속죄가
수백만 명의 고통을 지울 수 없다는 것을 알지만, 그 따뜻한 목소리와 관대함
덕분에 나는 어느새 그에게 친밀함을 느낀다.
내내 나의 할아버지에게서 느끼고 싶었던 그런 친밀함을.

"고맙습니다." 나는 대답한다.

전화를 끊고 창밖을 보자 눈이 그쳐 있었다.

고양이 한 마리가 용기를 내어 은신처에서 나오는 모습이 보인다.
고양이가 앞발을 들어 눈부시게 흰 완벽한 눈밭 위에
첫 번째 발자국을 남긴다.

15.
떨리는 손

겨울에 퀼스하임에 다시 와보니,
종달새 대신 까마귀들이 날아다니고 소복이 내린 눈 덮인 들판과 숲에서는
소리가 사라져 있다.

내 겨울 코트 위에 눈뭉치가 내려앉는다.

사촌 미카엘의 막내딸이 장난스럽게 웃는다. "그동안 못한 눈싸움을
다 만회해야 하잖아요." 아이 엄마가 이렇게 말하자, 나는 애써
눈물을 참는다. 우리는 안네마리 고모의 집으로 이어지는 좁은 길을 걸어간다.
"고모한테 말할 때 격의를 차려야 할까요, 편하게 해도 될까요?"
나는 사촌 이리스에게 묻는다.

"재밌네. 엄마도 같은 질문을 했는데.
물론 나는 격의 없이 대하라고 그랬어."

암묵적 동의하에 내가 무리의 맨 앞에 나선다. 한 걸음 내디딜 때마다
발걸음이 점점 무거워진다. 고모 집에 도착할 때까지 눈앞의 길에만
집중하려고 온 힘을 다한다. 오랜 세월이 지난 끝에
드디어 나는 초인종을 누른다.
즉시 문이 열린다. 거기,
고모가 서 있다.

작고.

가냘프고.

짧은 머리.

눈매가 매섭다.

호기심과 회의가 반쯤 뒤섞인 고모의 미소에
마음이 반 정도밖에 놓이지 않는다.
고모가 내 손을 잡고 천천히 흔든다.
"어디 좀 보자." 고모는 이렇게 말하며 손을 놓지 않는다.

"어디 좀 봐." 고모가 다시 말한다.
고모의 손이 내 손 안에서 떨린다.
고모의 어머니, 마리아 할머니가 늙었을 때
손을 떨었던 것처럼 떨고 있다.

가속 페달 위에 있던 아빠의 발처럼 떨리고 있다.

고모가 내 손을 잡은 만큼이나 단단한 시선으로 나를 본다.
나를 보는 그 눈길, 내 얼굴에서 아빠의 흔적을 찾고 있음을 느낀다.

아니면 고모가 찾는 것은 삼촌일까?

안네마리 고모는 여전히 내 손을 꽉 쥔 채 가족사진이 걸려 있는 벽으로
나를 데려간다. 그러고는 액자 속 얼굴을 하나하나 가리키며
누가 누구인지를 설명한다.

"이 사람은 마리아 할머니야."
고모가 묵직한 금색 액자에 든 사진을 향해 고개를 까딱이며 말한다.
마리아 할머니가 미소 짓고 있다. 품에 갓난아기를 안고.

할머니의 손자. 우리 오빠.

침묵의 세월이 이어지던 내내 오빠 사진이
안네마리 고모의 거실 벽에 걸려 있었다.

하지만 마리아 할머니가 아기 얼굴을 자기 쪽으로 돌려 안고 있기 때문에
오빠의 뒤통수밖에 보이지 않는다.

지금이 내가 그렇게 오랫동안 간절하게 알고 싶었던 것을
안네마리 고모에게 물어볼 유일한 기회일지도 모른다. 하지만 무언가가
내가 용기를 끌어모으는 것을 가로막고 있다.

고모가 마치 내 속을 읽기라도 한 것처럼 말한다.
"미카엘이 그러더구나. 네가 우리 가족과 전쟁에 대한 책을 쓰고 있다고.
질문이 있다고?"

안도감과 공포심이 동시에 밀려온다.
나는 질문을 하나하나 내놓으며
고모의 대답을 머릿속으로 정리한다.

1. 알로이스 할아버지가 나치를 비판해서 감옥에 갔다는 게 사실인가요?

아니. 아버지는 나이 마흔에 징집되는 바람에 농장을 돌보지 못했다고 불평했기 때문에 사흘 동안 갇혀 있었어.

2. 할아버지의 정치관은 어땠나요?

난 몰라. 그래도 슈타이너트 씨 댁 창문이 열려 있을 때마다 아버지가 입을 다물고 있었던 건 기억해.

3. 알로이스 할아버지에게 유대인 친구들이 있었나요?

아버지는 유대인 가축상들과 같이 일했고 학교 친구들 몇 명도 유대인이었어.

4. 분수대에서 그 일이 벌어졌을 때 할아버지도 그 자리에 있었나요?

난 모르지만, 그날 아버지가 나보고 집 밖에 나가지 말라고 했던 건 기억나.

5. 할아버지는 실제로 무슨 일이 벌어지고 있는지 알았을까요?

그거야 모르지. 알 수가 있나. 난 여덟 살이었잖아.

6. 할아버지한테 라디오가 있었어요?

응, 집에 라디오가 있었어. 아래층과 위층에 확성기도 하나씩 있었고.

7. 전쟁 중에 할아버지는 어디에 배치되었나요?

1939년에서 1940년 사이에는 폴란드에 있었어.

7.1 거기서 뭘 하셨나요?

몰라. 돌아왔을 때는 폴란드 군인 모자 두 개를 가져와 식탁 위에 올려놓았어.

7.2 어떤 상황에서 폴란드 군인 모자들을 가져온 거죠?

몰라. 내가 기억하고 있는 건 그냥 그 모자들이 너무 예뻤기 때문이야.

십 대 시절 나는 안네마리 고모의 거실이 현대적이고 차가울 거라고, 바닥에서 천장까지 닿는 커다란 창문들이 있는 널찍한 거실일 거라고 상상했다. 고모 맞은편에 앉아, 킬스하임에 대한 다큐멘터리를 찍으러 온 사람인 척하는 내 모습을 상상했다. 나는 프로답게 자신만만한 목소리로 이야기하고 고모는 내 영화에 아무 관심도 없이 표정 없는 얼굴로 나를 쳐다보고 있는 광경을 상상했다.

그리고 마침내 고모가 식탁 맞은편에서 삼촌의 사진 뭉치를 내 쪽으로 쓱 밀어주는 상상을 했다. 그곳을 떠나올 때 몇 장밖에 챙기지 못했다는 아빠의 이야기를 생각하면 제법 많은 양이다.

현실에서는 모든 게 다르다. 집은 차갑지 않다. 바닥에서 천장까지 닿는 유리창도 없다. 나는 낯선 사람인 척하지 않고, 따라서 자신만만한 목소리를 내지도 않는다. 고모는 무표정하지 않고 내 프로젝트에 관심을 보인다.

나를 맞이하기 위해 고모는 삼촌의 사진들과 전선에서 보낸 편지들, 부고를 모아 식탁 위에 깔끔하게 쌓아놓았다.

하지만 내가 상상했던 것과 달리 사진은 몇 장뿐이다. 아빠가 가져간 사진이 거의 다였다고, 고모는 말한다.

"오랫동안 이 사진들을 보지 않았어." 고모는 말한다.

Ach, es ist ja kaum zu fassen,
Daß du nicht mehr kehrst zurück,
So jung mußt du dein Leben lassen,
Zerstört ist unser ganzes Glück.
Du warst so gut, du starbst so früh,
Du warst uns alles, wir vergessen
    deiner nie.

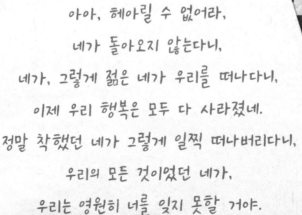

아아, 헤아릴 수 없어라,

네가 돌아오지 않는다니,

네가, 그렇게 젊은 네가 우리를 떠나다니,

이제 우리 행복은 모두 다 사라졌네.

정말 착했던 네가 그렇게 일찍 떠나버리다니,

우리의 모든 것이었던 네가,

우리는 영원히 너를 잊지 못할 거야.

안네마리 고모의 눈이 눈물로 반짝인다. 고모는 종이로 성소를 만들었다.
삼촌을 위해. 나를 위해. 자신을 위해.
고모는 모든 걸 보여주고 싶어했다.

Schmerzlich traf uns die traurige Nachricht vom Heldentod unseres lieben, einzigen, edlen Sohnes und Bruders

Franz Karl Krug

Er gab sein junges Leben von kaum 18 Jahren in treuer Pflichterfüllung am 19. Juli 1944, an der Südfront, für seine geliebte Heimat.

In tiefem Herzeleid:

Alois Krug u. Frau Maria

소중하고 소중한 외아들이자 오빠였던 프란츠-카를 크루크가 영웅적으로 사망했다는 슬픈 소식이 우리 가족에게 크나큰 고통을 남겼습니다. 그는 열여덟 살도 되지 않은 1944년 7월 19일, 남부 전선에서 임무를 충실히 수행하던 중 사랑하는 하이마트를 위해 젊은 목숨을 바쳤습니다. 깊은 슬픔을 담아: 알로이스 크루크와 그의 아내 마리아(결혼 전 성 가이어), 어린 딸 안네마리 외 가족들.

"예전에 이탈리아에 있는 네 삼촌 무덤에 갔었다."
"저희도 한 번 갔어요." 내가 말한다.

"땀이 나는구나. 긴장을 했나 보다."
고모가 이렇게 말하며 앨범 하나를 집어 든다.

함께 사진들을 보고 있으니
큰 프란츠-카를의 삶이 다시 한 번 우리 앞에 펼쳐진다.

아무 말 없이
사진을 들여다보는 우리는

한순간 완벽하게 화목한 가족이 된다.

Ein kleines Andenken

"작은 기념품이에요." 프란츠-카를 삼촌은 1944년 1월, 이탈리아에서 마지막으로 보낸 사진 뒷면에 이렇게 썼다. 삼촌의 마지막 사진이다. "잘 나오지는 않았어요. 곧 다시 사진을 찍을 거예요. 그건 더 잘 나왔으면 좋겠네요."

삼촌의 모습이 변한 것을 보니 가슴이 아프다.
삼촌의 얼굴에서는 부드러움이 사라졌다.

고모는 프란츠-카를 삼촌의 편지를 마지막으로 읽어본 게
수십 년 전의 일이었다고 말한다. 나는 1944년 5월 7일에 쓰인 편지를 집어 든다.

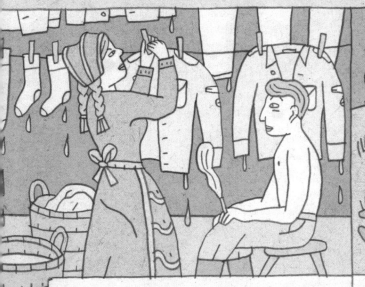

"여긴 더 이상 위선적인 남부 유럽 사람들 땅이 아니에요. 이곳 사람들은 매우매우 친절해요. 첫날 여자들이 와서 우리 옷을 세탁해주겠다고 하더라고요.

우리한테 온갖 걸 갖다 줘요. 흰 빵과 베이컨, 맥주, 우유. 이곳 맥주도 최상급이지만 너무 비싸요. 1리터에 2펜거예요…

지금쯤 새끼 거위들도 다 자랐겠네요? 여기도 거위들이 많아요. 우리는 아침 일곱 시나 일곱 시 반에 나갔다가 저녁에 거위들과 함께 돌아와요. 거위들은 늙은 거위들과 함께 걸어요. 오늘 한 무리를 세어봤더니 늙은 거위 다섯 마리를 포함해 마흔세 마리였어요.

…추신: 오늘은 영화를 봤어요.
멋진 영화였어요."

〈나를 사랑해줘요 Hab Mich Lieb〉 이 영화를 보고 싶다.
그래서 마침내 삼촌이 본 것과 똑같은 것을 보고 싶다.

1944년 7월 12일 자 편지는
프란츠-카를 삼촌이 죽기 나흘 전에 쓴 편지다.

"요즘 편지가 뜸하다 해도 너무 걱정 마세요. 이제는 편지 쓸 기회가
많이 없어요. 조금 쉴 수라도 있으면 좋은 거죠. 다시 만날 행복한
그날까지 아들 프란츠-카를이 천 번의 인사와 키스를 보냅니다!

안네마리에게도 안부 전해주세요."

"이탈리아에서 일주일에 세 번 편지를 썼어." 안네마리 고모가 말한다. 마치 편지가 더 오기를 기다리고 있는 듯한 어조다.

"편지들은 어땠어요?"
"향수병에 걸린 것 같았지."

"삼촌은 어떤 사람이었어요?"
"성실하고 쾌활하고 인간적이었어."
프란츠-카를은 여전히 고모의 오빠였다. 진짜 오빠.

"삼촌은 전쟁에 대해 어떻게 생각했어요?"
"이 아가씨야, 징집되었을 때 오빠는 열일곱이었고 열여덟 살에 죽었다고!"

"전사 소식을 알리는 편지가 왔던 순간을 기억해요?"
"기억하다마다. 친구들이랑 마당에서 놀고 있었어. 생일파티 디저트로 뭘 만들까 생각하고 있었지."

"굉장히 힘드셨을 것 같아요."
"음. 결국 우린 디저트를 만들지 않았어."

"이거 네가 가져라."
안네마리 고모가 프란츠-카를 삼촌의
부고 사본을 내게 건넨다.

갑자기 고모의 목소리가 심술궂어진다.
"그리고 이것도!"
고모는 어린 시절 고모와 아빠가 온통 눈에 둘러싸인 채,
썰매에 같이 앉아 찍은 사진을 가리킨다.

"정말요?" 내가 묻는다.
"난 이제 필요 없어." 고모가 단호하게 말한다.
그 미소에 마음이 불편해진다.

삼촌이 전쟁에서 죽지 않았다면 고모와 우리 아빠의 관계는 어땠을까?

어떤 느낌이었을까, 만약

프란츠-카를 삼촌——

할머니가 말한 착한 프란츠-카를, 부고에 쓰였듯이 "우리의 모든 것"이자 "젊은 목숨을 사랑하는 하이마트를 위해 바친" "소중하고 소중한 외아들이자 오빠", "다시 만날 행복한 그날까지 아들 프란츠-카를"일 거라고 약속했던 아들, <노이에 베를리너 일루스트리에르테>의 기사 사진 속 마리아 할머니를 눈물짓게 한 아들, 그 기사가 나오기 10년도 전에 둘째아들을 낳았으면서도 그 기사에서 유일하게 언급한——"그녀는 지난 전쟁에서 아들을 잃었다"—— 아들, 할아버지의 확실한 생물학적 아들이었던 아들, 동생과는 달리 농장을

돌보았을 아들, 어머니가 군인들과 함께 빈에 가버렸을 때 여동생과 수치심을 함께 나누었던 오빠, 살아 있었다면 검게 물들인 군복을 입은 뒷마당 남자에 대해 소문이 퍼졌을 때도, 어머니가 여호와의 증인에 들어갔다고 컬스하임 목사가 설교단에서 비난했을 때도 여동생과 수치심을 나누었을 오빠, 2차 세계대전 때 죽지만 않았어도 평생 여동생을 보호해줬을 듬직한 오빠, 고모와 나를 갈라놓고 동시에 떼려야 뗄 수 없이 하나로 묶어놓은 프란츠-카를

—— 이 바로 지금 우리와 함께

이 거실에 앉아 있었다면?

전쟁이 벌어지지 않았다면
우리 가족은 어떤 모습이었을까?

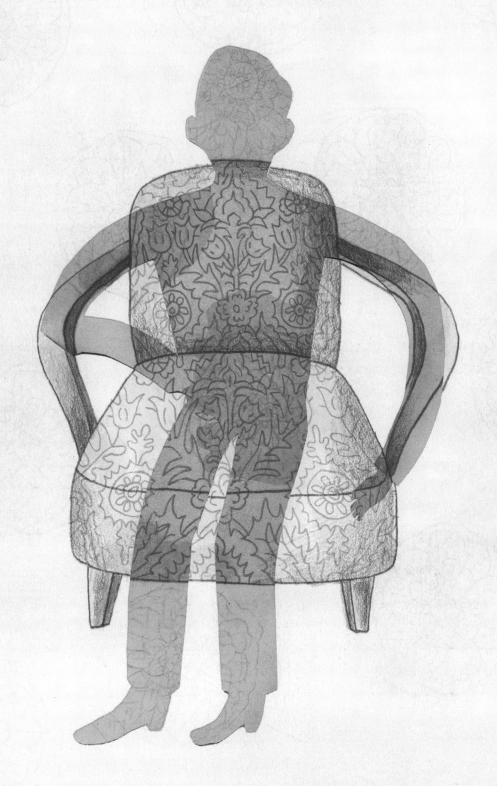

"이것 봐라, 이것 봐!"
식탁에 둘러앉아 식사를 하는데 안네마리 고모가 말한다.
"너 왼손잡이구나! 나도 왼손잡이야.
하지만 글자는 억지로 오른손으로 쓰게 됐단다."

고모가 떨리는 왼손으로
잔을 들어 올린다.

집안 포도 농장에서 가꾼 포도로 만든 와인이 내 입에서 뱃속으로,
그다음 혈관으로 흘러 들어갈 때 나는 깨닫는다. 삼촌에게로 나를 이끈
이 모든 발걸음이, 우리 가족의 역사에 새로 더해진 이 모든 단어가
나를 얽어맨다는 것을, 나는 사람들과 장소와 이야기들과 역사들과
돌이킬 수 없이 뒤섞여 있다는 것을.

'왼손잡이들을 위하여, 살아 있고 죽은 남자형제들을 위하여,
떨리는 발과 손을 위하여,
회피할 수 없는 우리의 존재를 위하여,'
나는 생각한다, 그리고 잔을 든다.

내가 다가갈 수 있는, 삼촌과 가장 가까운 지점에 도착했다.

앞으로도 이 이상 가까이 갈 수는 없을 것이다.

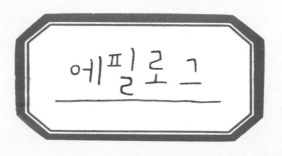

에필로그

1년 후 남편이 인터넷으로 라이츠 바인더를 한 상자 가득 주문한다.
"이걸 쓰면 안심할 수 있으니까" 하고 남편이 말한다.

. . .

엄마는 마리아
새겨진 혼수 리넨
증조할머니가
때 쓰던 무쇠 팬
내가 가장 아끼는
들러붙지 않아."

할머니의 이름 첫 자가
으로 내 베개를 만들고
'로즈'에서 면 요리를 할
하나를 준다. "이게
거야. 음식이 절대
엄마가 말한다.

. . .

퀼스하임의 옛 미크바를 복구하려는 계획이 세워지고
시너고그가 있던 자리에 "슬픔과 부끄러움의 표시로" 기념비가 세워진다.
기념비가 세워지던 날, 새로운 시장은 이를 강조하는 연설을 한다.

. . .

아빠는 퀼스하임으로 돌아와 "그동안 얼마나 발전되었는지 보려고" 마을을
돌아본다. 미카엘과 이리스, 어릴 때 이후로 본 적 없는 조카들을 만나고,
어린 시절을 보낸 오랜 농가를 찾는다.
"안네마리 고모 만나보고 싶으세요?" 내가 묻는다.
"누나를 다시 만날 이유는 없어."

아빠는 "감상적인 이유에서가 아니라 정확한 위치를 파악하기 위해서"
아빠 소유의 녹지를 다시 찾는다. "팔 생각은 해보신 적 없어요?" 내가 묻는다.
"아니, 팔지 않는 게 제일 좋아. 땅은 가치가 올라가잖아. 중국 투자자들이
이 지역 포도 농장들을 사들이기 시작하고 있어. 언젠가는 네가 상속받게 될 거야."

나는 브루클린에서 전화를 걸어 엄마에게 묻는다.
"다음에 갈 때 흙 한 줌 가져다줄 수 있어요?"
"그래. 네가 원하면 그렇게 할게."

. . .

신발상자에 담긴 빌리 할아버지의 옛 사진들을 살펴보다 전에는 보지 못한 사진 하나를 발견한다. 유대인 변호사 루트비히 마룸과 다른 사회민주주의자들이 카를스루에 거리를 끌려 다닌 이후 키슬라우 강제수용소에 도착했을 때의 사진, 카를스루에 기록보관소에서 봤던 것과 같은 사진이다. 사진 속 사람들의 위치로 보아, 빌리 할아버지의 사진

이 기록보관소에서 본 사진보다는 걸 알 수 있다. 빌리 할아버지는 왜 이 사진을, 나치가 조롱하고 위협하기 위해 획책한 사건을 찍은 원본 사진을 가지고 있었던 것일까? 사진 뒤에 찍힌 스탬프로 볼 때 이 사진은 수용소 근처 조그만 마을에 있는 사진관에서 현상되었다. 그런 조그만 사진관에서 대규모 정치선전에 쓸 용도의 많은 사진들을 인화했을 리가 없다. 그렇다면 왜 빌리 할아버지는 그중 한 장을 받은 것일까?

나는 미국 시민권을 신청한다. 귀화 서류에는 빌리 할아버지가
1946년 미군 설문지에 대답했던 것과 같은 질문들이 있다.

1933년 3월 23일에서 1945년 5월 8일 사이
어떤 식으로든 독일 나치 정부를 위해
일하거나 연관된 적이 있습니까?

나는 할아버지는 왼쪽 칸에 체크했을 거라는 생각을 하며 오른쪽 칸에 체크한다.
필요한 것들을 모두 물어봐서, 돌아가 빵조각을 모두 모아서, 아무것도 남지 않았다
는 확신이 들 때까지 계속 찾아서, 전에는 몰랐던 것들을 지금은 알고 있어서 기쁘다.
하이마트는 기억 속에서만 다시 찾을 수 있다.
잃어버리는 순간 존재하기 시작한다.

. . .

2017년 독일 총선에서 새로운 우익정당이 나타났다.
50여 년 만에 처음으로 극우당이 다시 국회의 의석을 요구했다.

. . .

나는 혼잡한 뉴욕 지하철 안에 서서
1940년 카를스루에 시장이 경찰서장에게 쓴 편지를 생각한다.

"유대인들이 복잡한 트램 안에서 뻔뻔하고 도발적으로 행동하면서
독일 여성들에게 자리를 양보하기를 거부한다는 불평이
시민들뿐 아니라 트램 직원들로부터 끊임없이 제기되고 있습니다."

유대인 전통 모자 야물커를 쓰고 내 옆에 서 있던 남자가 내 앞자리 여자에게
자리를 양보해주라고 청하고, 나는 여전히 내 독일어 억양을 의식하며 그 남자에게
고맙다고 인사한다. 내 배 모양을 본 남자가 그 안에 아직 의식을 갖추지 못한
무언가가 자라고 있다는 것을 알아본 것이다.
새로 내린 눈의 표면처럼 순수하고 평온한 마음을 지닌 누군가가.

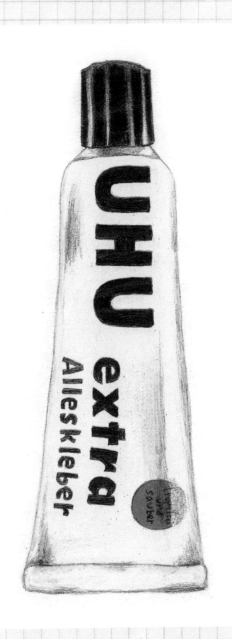

우후Uhu는 1932년 독일의 한 약사가 발명한 세계 최초 합성(뼈아교 무첨가) 수지 접착제이다. 당시 문방용품 이름은 흔히 새의 명칭을 따서 지었기 때문에 이 접착제에는 발명자의 고향인 슈바르츠발트의 토착 수리부엉이의 이름을 따, 우후라는 명칭이 붙었다. '모든 것을 다 붙인다'라는 뜻의 '알레스클레버'라는 이칭으로도 불린 이 접착제는 어떤 물질이라도 붙일 수 있는 접착제로 유명해졌다. 우후는 단지 아홉 방울만으로 쇠 실린더 두 개를 붙여 크레인 갈고리와 화물 트럭을 연결시킴으로써 기네스 세계 기록에도 올랐다. 2차 세계대전 동안 우후는 모형 제작이 "전략상 중요하다"고 광고했고, 미니 군대 차량들을 조립하는 아이들 사이에서 인기를 끌었다. 전후에 우후는 독일의 DIY, 쓰레기 없애기 정신의 필수요소가 되었다. 오늘날 나는 수입된 우후를 사용해, 낡은 신발 밑창과 깨진 도자기, 벗겨진 벽지, 접착력이 약해서 여러 번 다시 붙인 물건들을 수리한다. 우후는 최고로 강력한 접착제이지만 갈라진 틈은 없애지 못한다.

참고자료

퀼스하임에 관한 역사적 정보와 목격자 진술 :

· 마을 주민들과의 인터뷰
· 『Geschichte der Brunnenstadt Külsheim』(Stadtverwaltung Külsheim, 1992) by Irmtraut Edelmann, Helmuth Lauf, Elmar Weiss

카를스루에에 관한 역사적 정보와 목격자 진술 :

· 『Karlsruhe 1945』(Braun, 1986), 『Hakenkreuz und Judenstern』(Badenia, 1988) by Josef Werner
· 『Le Gauleiter Wagner: Le Bourreau de L'Alsace』(L'a Nuée Bleue, 2011) by Jean-Laurent Vonau
· "...Sie Hatten Noch die Frechheit zu Weinen..."(Gewerkschaft Erziehung und Wissenschaft Bezirk Nordbaden, 1979) by Peter Baumbusch, Heide and Manfred Czerni, Dagmar Dengler, Heinz-Günther Klusch, Helmut Kranz, Horst Sommer, and Günter Wimmer
· 『Zielort Karlsruhe』(Regionalkultur, 2005) by Erich Lacker. 이 저자는 나의 7학년 때 화학 선생님인데, 학창 시절에는 잘 몰랐지만 뉴욕공립도서관에서 자료를 찾던 중 연합군의 카를스루에 공습에 관한 책을 쓰셨다는 걸 알게 되었다.

그 외의 역사적 사실 :

· 『Hitler's Jewish Soldiers』(University Press of Kansas, 2002) by Bryan Mark Rigg
· 『On the Natural History of Destruction』(Hamish Hamilton/Penguin Books, 1999) by W.G. Sebald
· The History of the German Resistance, 1933-1945(McGill-Queen's University Press, 1996) by Peter Hoffmann
· 역사적 사실 확인 : Kat Rickard and Jonas Wegerer

인용구 :

· 위의 저서들

· 미국이민국 신청서 N-400

· 『Your Job in Germany』(United States War Department, 1945)

· 『Brockhaus. Die Enzyklopädie in 24 Bänden』(Wissen Media, 1996-1999)

· 『Deutsches Wörterbuch』(Weidmann, 1854) by Jacob & Wilhelm Grimm

· 『Neues Leben』(Bassermann, 1851-1852) by Berthold Auerbach

· 『Joseph Goebbels Tagebücher』(Piper, 1992) edited by Ralf Georg Reuth

· 『Das Letzte Jahr in Briefen』(Loeper, 2016) by Andreé Fischer-Marum

· 『Jugend im Dritten Reich. Die Hiter-Jugend und Ihre Gegner』(Diederichs, 1982) by Arno Klönne

· 『The Speeches of Adolf Hiter: April 1922-August 1939』(Oxford University Press, 1942) edited by Norman Hepburn Baynes

· 보헤미안 음악가 카렐 바체크가 1931년에 작곡한 <Cikanka>(그대 검은 머리 집시)의 독일어 가사는 오스트리아의 작사가이자 작가였던 프리츠 뢰너-베다가 썼다. 그는 1942년 아우슈비츠에서 죽임을 당했다. 뢰너-베다는 강제수용소의 노래로 알려진 <Das Buchenwaldlied>(부헨발트의 노래)의 공동 작곡가이기도 하다.

· 그 외의 인용구들은 http://www.transodra-online.net, https://forum.axishistory.com, http://www.nytimes.com에서 가져왔다.

· 나치 강제수용소에서 자행된 잔악 행위를 강제로 목격당하는 독일인들의 사진들은 미국 홀로코스트 기념박물관의 허락을 받고 게재했다. 이 책에 담긴 견해나 의견 그리고 사진들이 사용된 맥락이 반드시 미국 홀로코스트 기념박물관의 입장이나 방침을 반영하거나, 박물관의 승인 혹은 지지를 뜻하지 않음을 밝힌다.

· 율리우스 히르슈의 사진은 위키미디어 커먼스에서 제공했다.

· 강제수용소 여자 간수들의 사진은 저작권이 없는 퍼블릭 도메인이거나 위키미디어 커먼스에서 제공했거나 제국전쟁 박물관(BU 9682)의 승인하에 게재했다.

· 1장에 실린 폐허가 된 카를스루에 사진은 카를스루에 시립기록보관소(8/Alben 412/11) 에서 제공했다.

· 그 외 역사적 사진들은 퍼블릭 도메인이거나 플로리다국제대학과 뉴욕공립도서관에서 제공했다.

· 9장에 실린 기록 자료들은 킬스하임 시립기록보관소, 마인-타우버 기록보관소의 승인하에 복제하여 사용했으며, StAWt-K G 10 A 776과 A 933, K-G10 A 776 서류들이 포함되어 있다.

· 빌리 로크의 미군 파일(456 h Nr. 11214)은 카를스루에 국가기록보관소의 허가를 받고 복제했다.

· 기사 "애원도 기도도 소용없다"는 〈노이에 베를리너 일루스트리에르테〉 1960/16호에서 가져왔다. 이에 대한 응답 기사는 1960년 5월 4일 〈프랭키슈 나흐리히텐〉에 실렸다.

· 아빠에게 없는 프란츠-카를 삼촌의 사진들은 안네마리 고모가 제공했다.

· 기억보관자의 스크랩북에 실린 모든 물건과 편지, 사진들은 독일 벼룩시장과 가정용품처분 가게에서 찾았다. 원래 주인들의 흔적은 찾을 수 없었다.

· 부고에는 프란츠-카를 삼촌의 사망 날짜가 1944년 7월 19일로 잘못 기록되어 있다. 1944년 7월 16일로 정정되었어야 한다.

빌리 할아버지, 카린 이모, 오빠 그리고 나, 1984년

추천의 글

김누리(중앙대 교수, 독문학)

"자신이 어디서 왔는지 모르는데, 자기가 누구인지 어떻게 알겠는가."

『나는 독일인입니다』는 내게는 새로운 세계를 열어준 놀라운 작품이다. 나는 이 작품을 통해 전후 2세대 독일인의 내면 풍경을 처음 엿볼 수 있었다. 전쟁 세대는 귄터 그라스, 크리스타 볼프, 우베 욘존 등을 통해서 그리고 전후 1세대는 페터 슈나이더, 페터 한트케 등을 통해서 나치즘의 과거가 이들에게 어떤 영향을 미치고 어떻게 '청산'되었는지 살펴봐왔지만 전후 2세대까지 나치즘의 과거가 심리적 상처로 작용하고 있다는 사실은 이 작품을 통해서 처음 깨닫게 되었다. 이 그림 소설은 바로 이 세대의 내면을 놀라운 감정이입의 필치로 섬세하고, 정직하게 그리고 있다.

전후 2세대의 내면세계가 흥미로웠던 것은 바로 이 세대가 68혁명 이후 이루어진 교육개혁에 의해 탄생한 첫 세대이기 때문이다. 이 작품은 '아우슈비츠 교육'이라고 불리는 과거청산 교육을 받은 최초 세대에게 나치 과거가 어떻게 이해되고 수용되었는지를 보여준다. 이들 '신독일인'의 내면 풍경을 나치 교육으로 훈육된 전쟁 세대의 내면세계, 아직 '과거청산 교육'을 제대로 받지 못한 전후 1세대의 정신세계와 비교해보는 것은 흥미로운 일이 될 것이다.

진실에 대한 집요한 추구가 이 책을 관통하는 정신이다. 그리고 그 진실은 '작고 사소한 것'에 있다. 역사를 지배자들의 '정의 권력'(Definitionsmacht)에 내맡기지 않겠다는 것, 사적 진실을 통해 공적 해석의 폭력에 맞서겠다는 강한 의지가 이 아름다운 책에는 있다.

전후 2세대 독일인에게 '독일인이라는 것'은 무엇을 의미할까? 이 작품은 새로운 세대 독일인의 정체성 문제를 깊이 탐색하고 있다. 정신적 고향을 상실하고 과거의 시간을 부정해야 하는 독일의 젊은 세대의 정체성은 어떻게 형성되었을까? 오늘을 사는 독일인에게 가장 예민한 정체성 문제를 이 작품은 추적한다. "자신이 어디서 왔는지 모르는데, 자기가 누구인지 어떻게 알겠는가." 독일인이 정체성이 약한 이유는 자신의 기원에 대한 인식이 얕기 때문이다. 70년대 이후 '과거청산 교육'이 본격적으로 시행되었음에도 불구하고 '가족사'로서의 과거는 여전히 금기 영역으로 남아 있었고, 그 결과 전후 2세대마저도 대단히 불안한 '시대적 자아'를 가질 수밖에 없는 깊은 정체성의 위기를 겪었다.

정체성은 잡으려 하면 할수록 달아나는 그림자와 같다. 과거로의 여정을 통해 정체성의 근원에 접근할수록 노라 크루크의 독일인으로서의 정체성은 점점 더 희미해진다. "나는 내 마음속에서만 존재하는 나라, 국기도 국가도 없고, 국민이라고는 단 한 사람뿐인 나라에서 온 스파이 같다." 크루크는 정체성을 찾아가는 과정에서 '과연 국가란 무엇인가'라는 근본적인 물음에 이르게 된다. 독일인으로서 부정적 정체성을 가지고 살아가는 것이 무엇을 의미하는지를 이 작품은 아프게 묻고 있다.

미학적 측면에서 보아도 『나는 독일인입니다』는 대단히 빼어난 작품이다. 이 작품의 고갱이는 "과거 내 고향이 견뎌야 했던 상실을 돌아보는 일"이다. 이러한 상실을 돌아보고, 그 의미를 더듬는 데 있어 이 작품은 미학적으로 매우 세련된 방법을 취하고 있다. 사진의 신비로운 아우라와 짧은 문장의 함축적 암시가 절묘하게 결합된 여백의 미학이 상실을 입체적으로 재현한다. 단아한 다의성의 언어가 주는 깊고 처연한 여운이 독자의 가슴에 오래도록 머문다.

그래픽 서사라는 장르는 아주 독특한 미학적 효과를 준다. 서사의 행간보다 그림과 글씨 사이에서 더 넓은 의미의 지평이 열린다. 그럼으로써 문학이, 문자가 표현할 수 없는 무언가를 표현한다. 독자의 머릿속에는 예기치 못했던 상상의 세계가 펼쳐진다. 특히 '재현 불가능한 참혹한 역사의 재현'이라는 작품의 주제와 그래픽 서사라는 장르는 절묘하게 조응한다. 아도르노의 유명한 명제 "아우슈비츠 이후에 서정시를 쓰는 것은 야만이다"라는 말의 의미에서 말이다. 언어가 절망한 곳에서 그림이 말한다.

『나는 독일인입니다』는 우리 자신과 우리의 역사를 되돌아보게 하는 작품이기도 하다. 독일의 경우 68혁명 이후 과거청산이 상당 정도 성공적으로 이루어졌지만, 우리의 경우 지난 한 세기 동안 과거청산이 제대로 이루어진 적이 거의 없는 '기이한 역사'를 가졌기 때문이다. 식민시대의 과거와 냉전시대의 과거라는 이 '이중의 과거청산'이 우리에게는 여전히 풀지 못한 숙제로 남아 있다. 이런 의미에서 이 작품은 어찌 보면 독일인보다 한국인에게 더 큰 울림을 주는 책이다. 세계 어느 나라 독자보다 한국 독자에게 깊은 감동을 주리라 확신한다.

테오도어 아도르노에 따르면 "과거청산"이란 "과거에 종결점을 찍고 가능하면 그것 자체를 기억에서 지워버리는 것"이 아니라, "지나간 것을 진지하게 정리하고, 밝은 의식으로 과거의 미몽을 깨부수는 것"이다. 이런 의미에서 보면 『나는 독일인입니다』는 다른 어떤 작품보다도 과거청산에 충실한 작품이다. '진지한 정리'를 통해 '밝은 의식'으로 '과거의 미몽'을 깨뜨리고 있기 때문이다.

아도르노는 아우슈비츠의 반복을 막기 위해 가장 중요한 것이 바로 교육이라고 본다. 그는 "주체로의 전환"을 강조한다. "사람들이 그러한 비행을 저지를 수 있도록 만든 메커니즘을 인식해야 하고, 그들 자신에게 이러한 메커니즘을 보여주어야 하며, 그 메커니즘에 대한 일반적인 의식을 일깨움으로써 또다시 그렇게 되는 것을 저지하기 위해 노력해야 한다. 죄는 살해당한 자에게 있지 않다. 죄가 있는 것은 오직 아무런 소신 없이 증오와 공격적 분노를 그들에게 쏟아낸 사람들이다. 그러한 무소신은 극복되어야 하고, 사람들은 자기 자신에 대한 성찰을 외부로 돌리지 말아야 한다. 교육은 비판적인 자기성찰을 위한 교육으로서만 의미를 갖는다."

『나는 독일인입니다』는 아도르노의 이러한 교육담론에 의해 1970년대에 이루어진 교육개혁의 열매라고도 볼 수 있다. 노라 크루크가 가족사를 통해 과거와 만나는 태도는 바로 아도르노적 의미의 '과거청산'의 모범을 보여주기 때문이다. 노라 크루크가 자신과 가족의 역사를 진지하게 돌아보는 과정은 그 자체가 독일의 과거청산 교육이 긍정적인 영향을 미쳤음을 반증하고 있다.

지은이 **노라 크루크** Nora Krug

1977년 독일 출생. 작가, 일러스트레이터.
전쟁과 역사와 죄의식에 대한 성찰을 감동적인 그래픽 서사로 구현해낸 『나는 독일인입니다』로 2018년 전미도서
비평가협회상을 수상했다. 그 외의 작품으로 2차 세계대전에서 살아남은 일본인 조종사의 생을 다룬 짧은 그래픽
전기 『가미카제』가 있다. 이 작품은 『The Best American Comics』(2012)에 수록되었다. 모리스 센닥 재단, 풀브라이
트 재단, 존 사이먼 구겐하임 기념 재단, 폴록-크래스너 재단 펠로로 선정되어 지원받았고, 현재 뉴욕 파슨스 디자
인 스쿨 부교수로 재직 중이다. 가족과 함께 브루클린에서 살고 있다.

옮긴이 **권진아**

서울대학교에서 영문학을 전공하고 동 대학원에서 「근대 유토피아 픽션 연구」로 박사학위를 받았다. 현재 서울대
학교 기초교육원 강의교수로 재직 중이다. 조지 오웰의 『1984년』『동물농장』, 어니스트 헤밍웨이의 『태양은 다시
떠오른다』『헤밍웨이의 말』, 로버트 루이스 스티븐슨의 『지킬 박사와 하이드 씨』, 『에드거 앨런 포 전집』 등을 우리
말로 옮겼다.

나는 독일인입니다 : 전쟁과 역사와 죄의식에 대하여

1판 1쇄   2020년 6월 9일
1판 7쇄   2023년 12월 28일

지은이   노라 크루크
옮긴이   권진아
펴낸이   김이선
편집   김소영 황지연
디자인   김수진 이아름
마케팅   김상만

펴낸곳   (주)엘리
출판등록   2019년 12월 16일 (제2019-000325호)
주소   04043 서울특별시 마포구 양화로 12길 16-9(서교동 북앤빌딩)

✉   ellelit@naver.com
⌾   ellelit2020
전화   02 3144 3802
팩스   02 3144 3121

ISBN 979-11-969148-4-4   03100

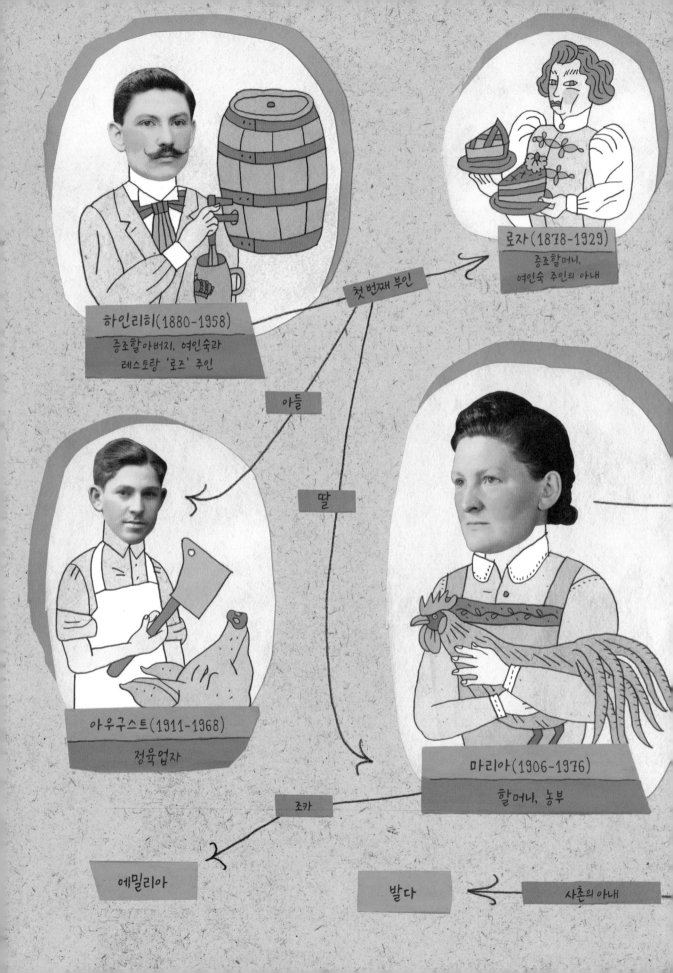

하인리히(1880-1958)
증조할아버지, 여인숙과
레스토랑 '로즈' 주인

첫 번째 부인

로자(1878-1929)
증조할머니,
여인숙 주인의 아내

아들

딸

아우구스트(1911-1968)
정육업자

마리아(1906-1976)
할머니, 농부

조카

에밀리아

발다

사촌의 아내